Liebe Leserinnen, liebe Leser!

Nach Schottland reist man wegen der herrlichen Natur und auch wegen der Einsamkeit. Weite nahezu unberührte Täler in den Highlands sehe ich vor mir, wenn ich an Schottland denke, träume mich zurück an geheimnisvolle Seen und in idyllische Flusstäler, sehe menschenleere Strände vor mir und imposante Felsküsten, eingetaucht in spektakuläre Lichtstimmungen. Theodor Fontane kam 1858 bei seiner Schottlandreise zu dem Ergebnis: „Es war eine der schönsten Reisen in meinem Leben ... . Ich habe nie Einsameres durchschritten!"

Stadtschönheit contra Trendcity

Ohne Frage Schottland ist ein wahres Outdoor-Paradies, aber bei Gesprächen mit Madeleine Reincke, der Autorin dieses Bandes, und letztlich bei der finalen Durchsicht des DuMont Bildatlas bin ich neugierig geworden auf die beiden großen Städte, auf Edinburgh und Glasgow. Edinburgh ist unbestritten eine Stadtschönheit, viel gelobte Welterbestätte und Schottlands unangefochtene Nummer Eins. Aber Glasgow holt auf – und das mit Riesenschritten. Ihr Image als etwas triste Industriemetropole hat Schottlands größte Stadt längst abgelegt, zeigt sich heute hip, cool und dynamisch, ist auf dem Weg zur beliebten Trendcity schon ein gutes Stück vorangekommen.

Einfach mitfeiern

Besonders hoch her geht es in Glasgow im Juni, wenn die Stadt das International Jazz Festival ausrichtet, fünf Tage lang wird in Konzertsälen, auf Plätzen und Straßen geswingt. Gleich mehrere große Festivals stehen in Edinburgh auf dem Programm, wobei das Military Tattoo mit ca. 1000 Dudelsackspielern, Trommlern und Sängern das glanzvollste ist. Aber auch andernorts in Schottland wird eifrig gefeiert, die tollsten Events stellen wir Ihnen in der Rubrik „Best of ..." auf S. 64 f vor. Wenn Sie noch eine außergewöhnliche Unterkunft für Ihren Schottlandtrip suchen, lege ich Ihnen die Seiten 20/21 besonders ans Herz, die schönsten Schlösser, Landhäuser, Designhotels und B & B's haben wir hier für Sie zusammengestellt.
Herzlich

Birgit Borowski
Programmleiterin DuMont Bildatlas

*Seit seiner Diplomarbeit ist Schottland über alle Jahre ein Sehnsuchtsziel des Leipziger Fotografen **Peter Hirth** gewesen – die Arbeit hatte die schottischen Schlösser zum Thema.*

*Auch die Autorin **Dr. Madeleine Reincke** hat ihr Herz schon im Studium an Schottland verloren. Im Rahmen der Baedeker Redaktion bearbeitet sie seit Jahren den Band Schottland und recherchiert ganz regelmäßig vor Ort.*

48 Lochcarron of Scotland hat edle Kilts und jede Menge Tartans zur Auswahl

56 Die gigantischen Kelpies, zwei stählerne Arbeitspferde, bewachen die Schleuse bei Falkirk

38 Sightseeing anders: gut gelaunt durch Edinburghs Royal Mile

Impressionen

8 Facetten Schottlands: einsame Orkneys, märchenhaftes Abbotsford, laute Hochlandolympiade, fröhliches oder edles Edinburgh und wildromantische Highlands

Der Süden

22 **Sanftes, grünes Grenzland**
Südlich von Edinburgh zeigt Schottland sich von seiner sanften Seite – wer nur schnell in die Hauptstadt will, verpasst eine Menge.

DUMONT THEMA
32 **Stormy Weather**
Wind, Wasser und Wellenkraft sorgen für einen nachhaltigen Energiemix.

34 **Straßenkarte**
35 **Infos und Empfehlungen**

Edinburgh und Umgebung

38 **Im Zeichen der Burg**
Es heißt Edinburgh sei ein Schloss, das sich eine Stadt hält. Die Hauptstadt ist Welterbestätte, Festivalhochburg und Heimat der besten Köche und Kiltmaker.

DUMONT THEMA
48 **Kilt ist Kult**
Besser als jeder Smoking schmückt der karierte Rock die schottische Männerwelt.

52 **Cityplan und Straßenkarte**
53 **Infos und Empfehlungen**

Glasgow und Umgebung

56 **Trendcity mit Herz**
Sein Image als Industriemoloch hat Schottlands größte Stadt endgültig abgelegt. Glasgow präsentiert sich als Shoppingparadies und Spielwiese der Kreativen.

66 **Cityplan und Straßenkarte**
67 **Infos und Empfehlungen**

UNSERE FAVORITEN

BEST OF ...

20 **Good night!**
Stilvoll, gemütlich, charmant – wunderschöne Unterkünfte für wundervolle Urlaubstage.

64 **Feiern Sie mit!**
Irgendwas darf immer gefeiert werden, egal ob Whisky, Wikinger oder Military Tattoo.

110 **Ein Stück Schottland**
Lieblingspullover, Lebenswasser oder Landhausstil – alles sehr hochwertig.

INHALT
4 – 5

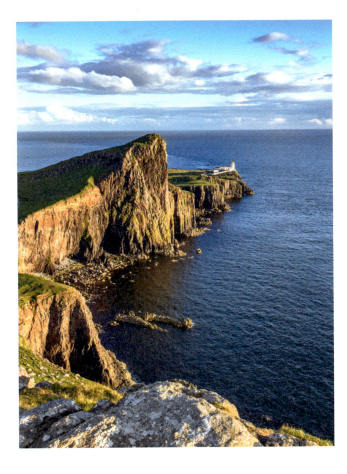

88 Weiter Horizont: Leuchtturm am Neist Point auf der Insel Skye

Orkneys und Shetlands

102 **Am Rande Europas**
Lange bevor in Ägypten die Pyramiden entstanden, blühte auf Orkney eine Hochkultur. Shetland steht für Ponys und Pullover, Nordlichter und Fiddlemusik.

112 **Straßenkarte**
113 **Infos und Empfehlungen**

Anhang

116 **Service – Daten und Fakten**
121 **Register, Impressum**
122 **Vorschau, lieferbare Ausgaben**

Die Highlands

70 **Schottische Symphonie**
Im Norden des Landes malt die Natur die schönsten Bilder, warten raues Bergland, stille Seen und wilde Hochmoore.

DUMONT THEMA
80 **Auf Flaschen gezogenes Sonnenlicht**
Das Wort Whisky wird weltweit verstanden.

84 **Straßenkarte**
85 **Infos und Empfehlungen**

Westküste und Inseln

88 **Außenposten im Atlantik**
Wild, ungezähmt und einsame Klasse: Die sturmumtosten Hebriden sind Ziel für Trekking- und Whiskyfreunde und Heimat des Harris Tweeds.

DUMONT THEMA
96 **Frisch, hausgemacht und regional**
Selbst im entlegenen Hochland und auf den Inseln findet man kulinarische Köstlichkeiten erster Güte.

98 **Straßenkarte**
99 **Infos und Empfehlungen**

DuMont Aktiv

Genießen Erleben Erfahren

37 **Rauf aufs Rad!**
Alle vier Grenzlandabteien auf einem Rundkurs.

55 **Pitchen und putten**
Abschlag an der Wiege des Golfsports.

69 **Willkommen an Bord!**
Ohne Hektik mit dem Hausboot über Kanäle schippern.

87 **Der Berg ruft!**
Hinauf zu Schottlands Nationalblume.

101 **Hart am Wind**
Traumhafte Törns im Tidenrevier.

115 **Schwertwale und ...**
... Seevögel und Shetlandponys: Mehr Natur geht nicht.

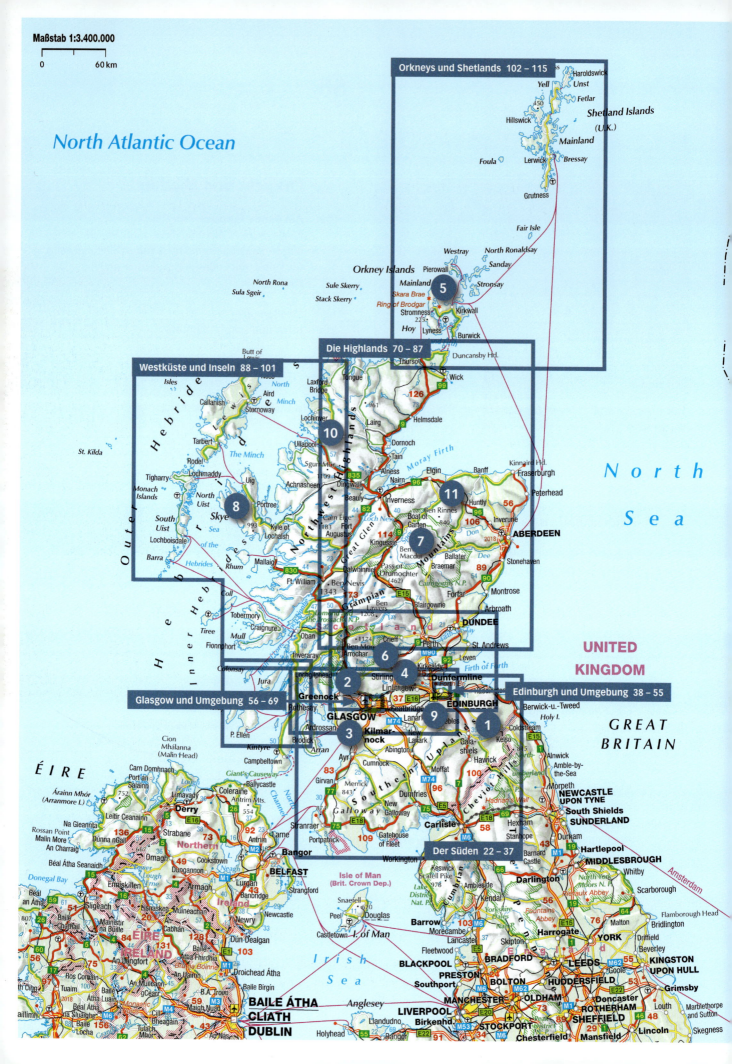

INHALT
6 – 7

Topziele

Die bedeutendsten Sehenswürdigkeiten Schottlands und Erlebnisse, die keinesfalls versäumt werden sollten, sind auf dieser Seite zusammengestellt. Auf den Infoseiten sind sie jeweils als **TOPZIEL** *gekennzeichnet.*

KULTUR

1 Abbotsford House: Sein Domizil am Tweed bezeichnete Sir Walter Scott als „Romanze aus Mörtel und Stein". **Seite 35**

2 Glasgows Kelvingrove Art Gallery & Museum: Im viktorianischen Sandsteinpalast hängt Kunst von Weltrang – Eintritt frei! **Seite 67**

3 Glasgow School of Art: Die Kunsthochschule ist das Flaggschiff des Glasgower Jugendstils und untrennbar verbunden mit dem Namen des Ausnahmekünstlers Mackintosh. **Seite 68**

4 Stirling Castle: Prunk und Farbenpracht der mystischen Einhorn-Wandteppiche begeistern im Renaissancepalast von James V. **Seite 69**

5 The Heart of Neolithic Orkney: Monumentale Kammergräber, Steinkreise und Steinzeitsiedlungen entführen auf Mainland in eine geheimnisvolle, längst versunkene Zeit. **Seite 114**

NATUR

6 Loch Lomond & Trossachs National Park: Vor den Toren von Glasgow warten der schönste See der Schotten und die Schluchten der Trossachs. **Seite 69**

7 Cairngorm National Park: Mächtige Berge und lavendelfarbene Einsamkeit prägen den größten Nationalpark des Vereinigten Königreichs. **Seite 86**

8 Cuillin Hills auf der Isle of Skye: Passionierte Gipfelstürmer kommen an den wilden Cuillins nicht vorbei. **Seite 100**

ERLEBEN

9 Edinburghs Royal Mile: Bummeln, schauen, shoppen – wahrhaft königlich führt die Royal Mile der Hauptstadt vom Schloss bis zum Regierungssitz. **Seite 53**

10 North Coast 500: Herrlicher Roadtrip mit 500 kurvenreichen Meilen wundervoller Natur, mit Burgen und Schlössern, hohen Pässen und einsamen Stränden. **Seite 86**

11 Malt Whisky Trail: Im Speyside liegt über die Hälfte der schottischen Brennereien, lässt sich das Geheimnis des Scotch erschnuppern und probieren. **Seite 86**

IMPRESSIONEN
8 – 9

Outdoor-Paradies

Auf Pause drücken. Einfach mal durchatmen. Hunderte Inseln warten vor der schottischen Küste mit unberührter Natur, dramatischer Landschaft und intensivem Licht. Spektakuläre Steilklippen begeistern am St. John's Head auf Hoy, wo Raubmöwen, Eissturmvögel und Tordalken brüten, Fischotter sich mit dem Nachwuchs beim Familienausflug vergnügen oder Schwertwale im stürmischen Nordatlantik arktische Kegelrobben jagen – die Orkneys sind wahrlich ein himmlisches Erlebnis.

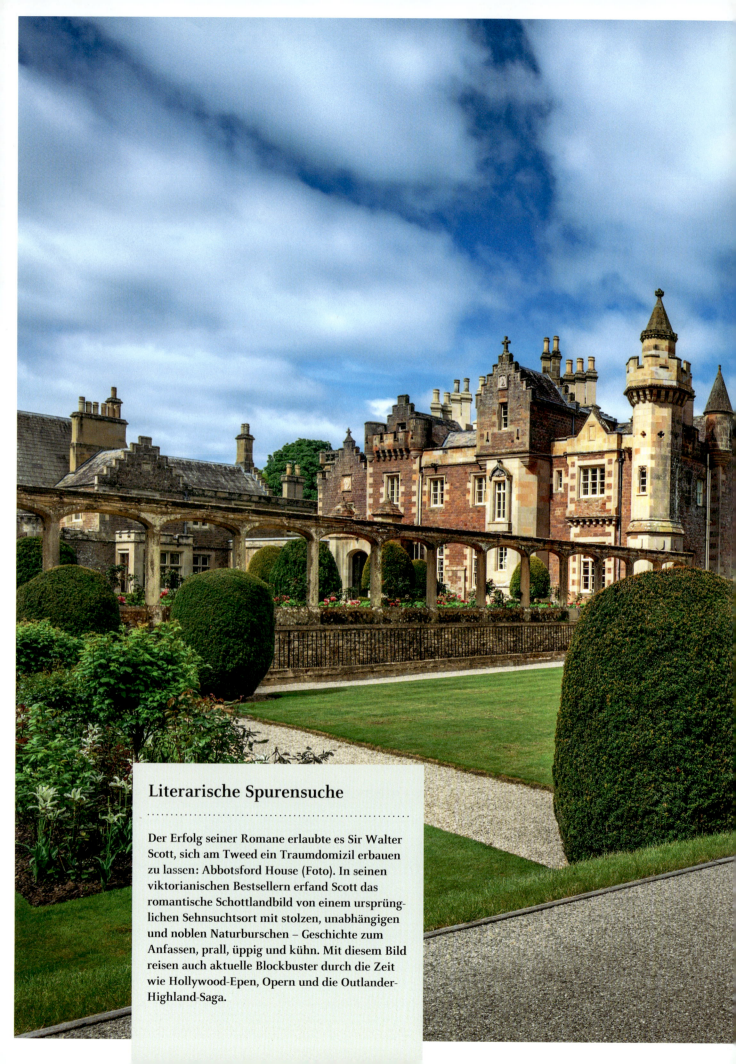

Literarische Spurensuche

Der Erfolg seiner Romane erlaubte es Sir Walter Scott, sich am Tweed ein Traumdomizil erbauen zu lassen: Abbotsford House (Foto). In seinen viktorianischen Bestsellern erfand Scott das romantische Schottlandbild von einem ursprünglichen Sehnsuchtsort mit stolzen, unabhängigen und noblen Naturburschen – Geschichte zum Anfassen, prall, üppig und kühn. Mit diesem Bild reisen auch aktuelle Blockbuster durch die Zeit wie Hollywood-Epen, Opern und die Outlander-Highland-Saga.

IMPRESSIONEN
10 – 11

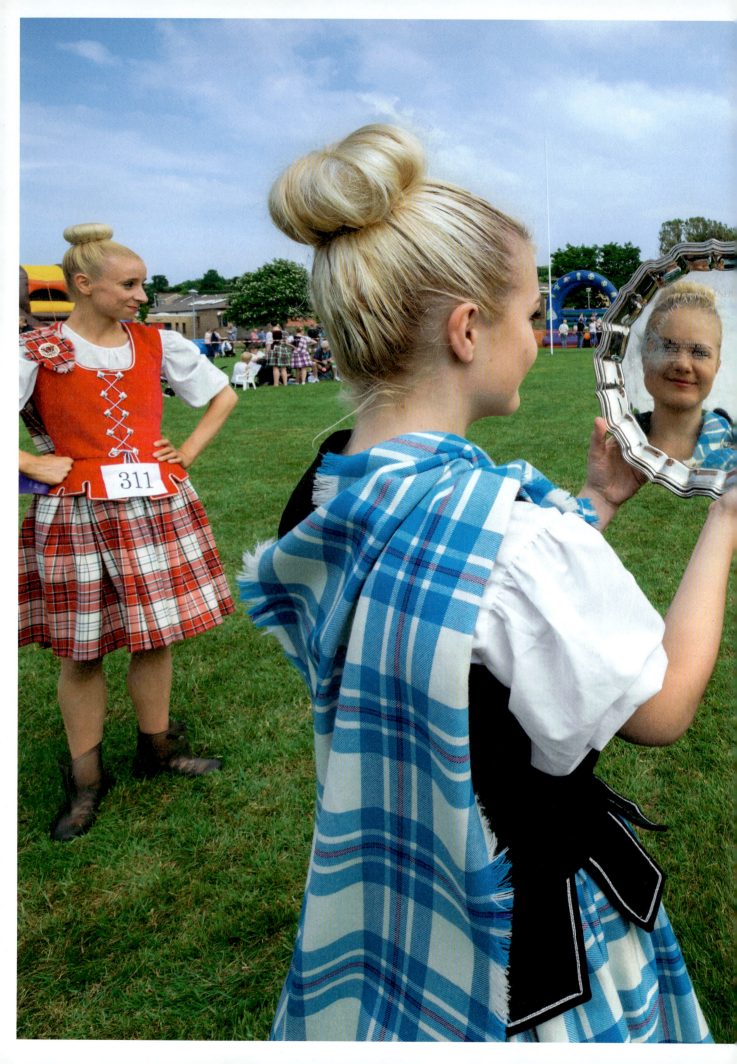

Bekenntnis zur Tradition

Tartanberockte schwergewichtige Muskelmänner, die Steine wuchten, Hammer schleudern und sperrige Kiefernstämme werfen, Reiterspiele, Dudelsackbands, Tauziehen und Tanz – in mehr als 100 Orten werden von Mai bis September die berühmten Highland Games ausgetragen. Frauen sind auf der schottischen Hochlandolympiade selbstverständlich mit von der Partie, und das nicht nur beim preisgekrönten Stepptanzwettbewerb des Highland Fling.

Festivalhochburg

Edinburgh vibriert vor Leben. Besonders im August, wenn Fringe und International Festival die Hauptstadt aus den Fugen geraten lassen und Pipes und Drums aus aller Welt zum atemberaubenden Royal Military Tattoo auf die illuminierte Schlossesplanade rufen. Den Rest des Jahres bietet „Edinburra" ebenso hochkarätige Events und bunte Feste, Folkmusik und Fiddlekonzerte, Tanztouren, Theater und Storytelling. Und an Silvester wird die ganze Stadt zur Partymeile mit einem Riesenfeuerwerk.

Schottlands Schönste

Modemeilen und Michelinsterne, die besten Kiltmaker und eine Königsburg mit Kulisse wie für die Ewigkeit gemacht – Edinburgh balanciert zwischen Aufbruch und Auflagen als Weltkulturerbe. Dass viel in Bewegung ist, bestätigen das pulsierende Nachtleben und gutes Essen an jeder Ecke. Aber nicht nur Gourmettempel wie „The Dome" mit Kuppel und Kristalllüstern, auch viele junge Gastropubs begeistern mit überraschender Karte, gutem Scotch und süffigem Craft Beer – „Sit ye doon yer welcome!"

Gipfel der Gefühle

Die Schotten lieben Sport. Wandern und klettern, reiten und radeln, segeln und surfen oder einfach stundenlang am Strand spazieren gehen – was immer im Urlaub gerade gefällt. Als Geburtsstätte des Golfsports besitzt das Land jede Menge atemberaubender Plätze. Wild, windumtost und wolkenverhangen können die Highlands eine Herausforderung für Naturfreunde sein, aber wenn die Sonne durchbricht, versprechen sie stressfreie Tage für die ganze Familie mit echter Anti-Langeweile-Garantie.

UNSERE FAVORITEN

Ganz besondere Unterkünfte

Good night!

Prunkvolle Schlösser, junge Boutiquehotels, idyllische Landhäuser oder ein charmantes B & B – Schottland hat wunderschöne Unterkünfte für wundervolle Urlaubstage. Für alle gilt die berühmte schottische Gastfreundschaft die im Land jenseits des Tweed schon immer groß geschrieben wurde.

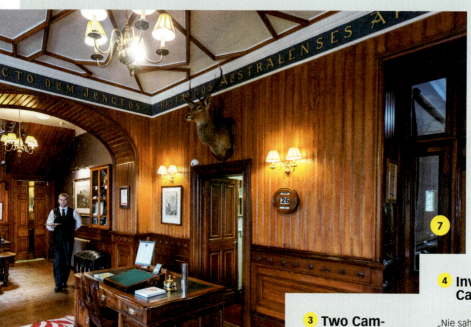

① One Devonshire Gardens

Fünf viktorianische Stadthäuser bilden im angesagten Glasgower West End eines der schönsten Boutiquehotels von Schottland, ein gelungener Mix aus stilvoll-klassisch, jungem Design und zeitgenössischer Kunst. Im schlicht „Bistro" genannten Gourmetlokal wird mit besten Zutaten der Region gekocht.

€€€€/€€€ **One Devonshire Gardens Hotel du Vin & Bistro,** Glasgow G12 0UX, Tel. 0141 378 03 85, www.hotelduvin.com

② Edenwater House

Noch ist das versteckte Herrenhaus in den Borders ein Geheimtipp. Jeff und Jackie haben drei bezaubernde Zimmer, eine kleine Bibliothek und große Lounge mit offenem Kamin. Im Weinkeller lagern ausgesuchte Tropfen, die auf Wunsch am Wochenende samt Candle-Light-Dinner probiert werden können.

€€ **Edenwater House,** Ednam, Kelso TD5 7QL Tel. 01573 22 40 70, www.edenwaterhouse.co.uk

③ Two Cambridge Street

Stil, Charme und Humor hat den Cloustons schon die Sunday Times bescheinigt. Erlend und Hélène empfangen ihre Gäste direkt neben der Usher Hall. Das viktorianische B & B ist mit Antiquitäten und jeder Menge witziger Kuriositäten eingerichtet. Persönliche Atmosphäre, interessante Gespräche und wahre Gastfreundschaft vermitteln ein wunderbares Gefühl von Zuhause.

€€/€ **2 Cambridge Street,** 2 Cambridge Street, Edinburgh EH1 2DY, Tel. 0131 478 00 05, www.edinburghaccommodation.org.uk

④ Inverlochy Castle

„Nie sah ich einen lieblicheren Ort", notierte Queen Victoria 1873 hier am Fuß des Ben Nevis. Nirgendwo schimmern die Kristallüster so nobel wie in diesem exklusiven Hideaway. 17 stilvolle Zimmer, formvollendeter Service und ein herrlicher Park. Die französisch inspirierte Küche belegt den Spitzenplatz am Kaledonischen Kanal. Wer das preiswerte „Factor's Cottage" bucht, kann ebenfalls im Schloss speisen.

€€€€ **Inverlochy Castle** und € **Factor's Cottage,** Torlundy, Fort William PH33 6SN, Tel. 01397 70 21 77, www.inverlochycastlehotel.com, www.factorsinn.com

⑤ Glasshouse Hotel

Hinter der 160 Jahre alten Fassade der Lady Glenorchy Church werden Historie und Moderne überzeugend vereint. Alle Zimmer des Designhotels haben Fenster vom Boden bis zur Decke mit Sensationsblick auf City oder Calton Hill. Die Suiten tragen Namen berühmter Single Malts. Frühstück und Dinner serviert das Observatorium. Afternoon Tea gibt es auf dem einzigen begehbaren Dachgarten der Hauptstadt.

€€€ **Glasshouse Hotel,** 2 Greenside Place, Edinburgh EH1 3AA, Tel. 0131 525 82 00, www.theglasshousehotel.co.uk

UNSERE FAVORITEN
20 – 21

②

①

⑥ Smiddy House

Jakobsmuscheln, Wildterrine, geschmorte Lammschulter und eine göttliche Crème brûlée – bestens für einen Genuss-Stopp mit schottischen Erzeugnissen aus der Region, knusprigen Croissants und frischgebackenem Brot eignet sich das familiäre Gästehaus mit vier netten Zimmern beim Kaledonischen Kanal.

€ Smiddy House & Russel's Restaurant, Spean Bridge PH34 4EU, Tel. 01397 71 23 35, www.smiddyhouse.com

⑦ The Torridon

Im Schatten mächtiger Eichen grasen am Seeufer vor dem viktorianischen Hotelschlösschen zottelige Hochlandrinder. Die Ruhe ist himmlisch. Gäste logieren in 18 hellen Boutiquezimmern. Preisgekrönt ist die Slow-Food-Küche von David Barnett, der für seine Menüs den Fang des Tages, Highland Cattle oder Tamworth-Schweine von der hauseigenen Farm nimmt. Etwa preiswerter lässt es sich im angrenzenden „Torridon Inn" übernachten.

€€€/€€ The Torridon, By Achnasheen IV22 2EY Tel. 01445 79 12 42, www.thetorridon.com

⑧ Airds Hotel

Das Privathotel begeistert mit einer unglaublichen Aussicht auf den Loch Linnhe und elf Zimmern im Landhausstil. Die Gastronomie folgt nicht dem Zeitgeist, sondern setzt Trends mit Krabben, Krebsen und Muscheln von der Insel Mull, zartem Hochlandlamm und traumhaften Desserts. Der herzlichen Aufmerksamkeit des Service entgeht nichts und niemand. Interessant für Selbstversorger: „The Old Smithy" und das „Bramble Cottage" werden preiswerter wochenweise vermietet.

€€€€/€€€ Airds Hotel, Port Appin, Argyll PA38 4DF Tel. 01631 73 02 36, www.airds-hotel.com

⑨ Old Mill Inn

Das Plätschern einer alten Wassermühle empfängt mitten in Pitlochry, bekannt für seine netten Pubs, kleine Läden und das Festival Theatre. Im familiengeführten „Scottish Inn of the Year 2016" urlaubt man in 12 großen Zimmern. Frühstück und Dinner sind richtig gut, die Steaks vom Holzkohlengrill liefert ein Metzger aus Perthshire.

€€ Old Mill Inn, Mill Lane, Pitlochry PH16 5BH, Tel. 01796 47 40 20, www.theoldmillpitlochry.co.uk

⑩ Glencoe House

Hüter des Hauses, Roger Niemeyer, ist es gelungen, kultiviert Entspanntheit mit außergewöhnlichem Ambiente zu verbinden. Das 1896 erbaute Herrenhaus ist ein stimmungsvolles Schmuckstück mit sensationellem Seeblick. Glanzpunkte setzen sieben großzügige Suiten, klassisch-elegant eingerichtet, aber mit aktuellstem Komfort. Zum Abendessen wird ein 5-Gänge-Menü im privaten Wohnzimmer bei Kerzenlicht serviert. Hier wird auch zum gesunden Frühstück gedeckt. 2017 kamen weitere sechs Traumsuiten im Nachbarhaus dazu.

€€€€ Hotel Glencoe House, Glencoe PH49 4HT, Tel. 01855 81 11 79, www.glencoe-house.com

DER SÜDEN
22 – 23

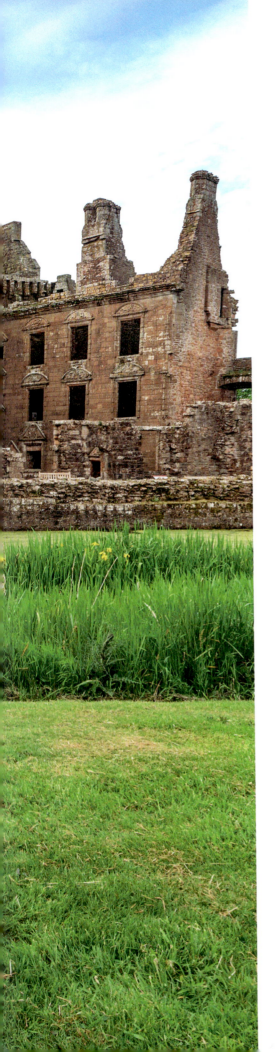

Sanftes, grünes Grenzland

Südlich von Edinburgh zeigt sich Schottland von einer sanften Seite. Im Gegensatz zu den rauen Highlands sind sattgrüne Hügel und liebliche Täler, bildhübsche Städtchen und elegante Herrenhäuser Markenzeichen der Lowlands. Wehrhafte Burgen und stimmungsvolle Abteiruinen zeugen von der turbulenten Geschichte der Grenzregion – wer nur schnell in die Hauptstadt weiter will, verpasst eine Menge.

Das immer wieder den Bedürfnissen seiner Bewohner angepasste Caerlaverock Castle bei Dumfries war bereits 400 Jahre Sitz des Maxwell-Clans, als es 1640 zerstört wurde

Jahrhundertelang waren die „Scottish Borders" Spielball zwischen Schottland und England. In den mittelalterlichen Grenzlandabteien, durch Wollverarbeitung zu Wohlstand gekommen, lockte reichlich Beute, die Begehrlichkeiten weckte. Auch bei den Clans der Highlands. An den Ufern des Tweed kam es immer wieder zu erbitterten Kämpfen mit den englischen Nachbarn – 1513 fand fast eine ganze Generation bei Flodden Field den Tod. Stoff für Grenzlandballaden von blutigen Schlachten und endlosen Clanfehden, von Freiheitskämpfern und Abenteurern, mutigen Rittern und edlen Damen in Not. Anfang des 19. Jahrhunderts sammelte Walter Scott die überlieferten Legenden und schrieb sie auf. Was ihm am besten gefiel, verarbeitete er zu romantischen Historienromanen, die allesamt Bestseller wurden und einen wahren Schottlandboom auslösten. Fast 80 Jahre nach der endgültigen Niederlage gegen die Engländer 1746 bei Culloden machte Scott die Clans, Kilt und Tartan wieder salonfähig. Seine erfundenen „Traditionen" prägen bis heute das romantische Schottlandbild von einem ursprünglichen Sehnsuchtsort mit stolzen, unabhängigen und noblen Naturburschen. Ein Bild, das sich in Hollywood-Epen und Opern bis hin zu aktuellen Blockbustern wie der Outlander-Highland-Saga wiederfindet.

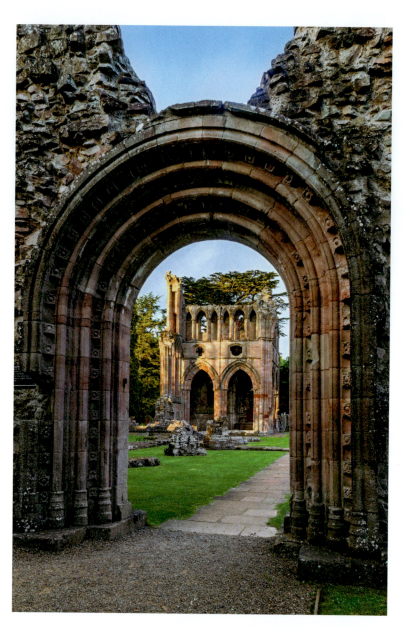

Zwischen den ehrwürdigen Mauern Dryburgh Abbeys wurde Sir Walter Scott zur letzten Ruhe gebettet (oben). In der Bibliothek von Scotts Abbotsford House (unten)

Und willst du des Zaubers sicher sein, so besuche Melros' bei Mondenschein …

Sir Walter Scott, Lied des letzten Minnesängers

Zwischen gestern und morgen

Widersprüche sind Teil der schottischen Seele. So war Scott im Herzen zwar Schotte und auf Seiten der aufständischen Jakobiter von Culloden, im Geiste aber froh über die verlorene Rebellion und ein entschiedener Befürworter der Union mit England seit 1707. Dieser alte natio-

DER SÜDEN
24 – 25

Smailholm Tower, ein im 15. und 16. Jahrhundert errichteter Wehrturm westlich von Kelso, gehörte einst der Familie von Sir Walter Scott, der hier gern seinen Großvater besuchte (oben). Von seinem Platz über dem Kamin blickt Scott auf die Besucher von Abbotsford House (unten)

Sündhaft sahnig und ganz frisch sind die Kuchen zum Tee in Traquair House bei Innerleithen. Bereits 1107 diente das Anwesen als königliche Jagdhütte. Auch Maria Stuart logierte hier. Das heutige Herrenhaus gilt als der älteste bewohnte Landsitz Schottlands

Lochcarron of Scotland ist eine der letzten großen Textilmühlen, die trotz der starken Konkurrenz aus Billiglohnländern noch in Schottland produzieren

Seit seiner Erbauung ist Floors Castle bei Kelso Stammsitz der Dukes of Roxburghe, die ihr Märchenschloss mit kostbaren Möbeln und flämischen Wandteppichen einrichteten

Floors Castle im Tal des Tweed: Wie auch bei vielen anderen schottischen Schlössern bevölkern Schafe das weitläufige Grün um den Adelssitz

nale Konflikt wurde im letzten Jahrzehnt durch die Unabhängigkeitsbestrebungen der regierenden Scottish National Party (SNP) zum Topthema erklärt. Der – nun mit demokratischen Mitteln ausgetragene – Kampf teilte das Land in zwei Lager, entzweite Familien und Freunde. Ausgleichende Stimmen hatten es in der hitzigen Debatte schwer. Am Ende aber siegten Skepsis und Pragmatismus, entschieden sich beim Referendum 2014 über 55 Prozent der Schotten beim Vereinigten Königreich zu verbleiben. Nach dem „Brexit" im Juni 2016 kam das Thema erneut auf die Tagesordnung. Heute lautet die Frage: lieber Brüssel als London? Während knapp 52 Prozent aller Briten für einen Ausstieg aus der Europäischen Union gestimmt hatten, sprachen sich zwei Drittel der Schotten klar für den Verbleib aus. Nachdem Premierministerin Theresa May 2017 einen harten Bruch mit der EU ankündigte, der auch ein Verlassen des europäischen Binnenmarktes und der Zollunion vorsieht, stimmte das schottische Parlament für ein neues Unabhängigkeitsreferendum und erteilte Regierungschefin Nicola Sturgeon das Mandat für Verhandlungen mit London. Zwischen Herbst 2018 und Frühjahr 2019 sollen die Schotten sich entscheiden – also noch vor dem Brexit.

Scotts Country

Der Erfolg seiner Romane erlaubte es Scott, sich am Tweed-Ufer ein Traumdomizil im viktorianischen Baronialstil erbauen zu lassen: Abbotsford House. Wegen der enormen Baukosten und des Bankrotts seines Verlages hoch verschuldet, arbeitete Scott bis zur völligen Erschöpfung. Er starb im Herbst 1832 und wurde in Dryburgh Abbey beigesetzt. Sie gehört zu den vier großen Grenzlandabteien, die fast 400 Jahre die Geschicke der Borders bestimmten, bevor sie in der Reformationszeit zerstört und aufgehoben wurden. Laut Theodor Fontane „überhaupt unter allen Ruinen die schönste und fesselndste" ist allerdings Melrose Abbey, von Scott besungen und von William Turner auf Leinwand gebannt. Zu ihrem filigranen Figurenschmuck zählt auch ein Dudelsack pfeifendes Schwein – hinsichtlich subtilem Humor, da sind sich alle Schotten einig, kann ihnen keiner das Wasser reichen.

Scott zu Ehren trägt der Ostteil des Southern Upland Way, der den Atlantik mit der Nordsee verbindet, auf 150 Kilometer den Namen des Nationaldichters. Von Abbotsford House führt der Wan-

Der Legende nach überlebte nur ein Mann aus Selkirk die blutige Schlacht von Flodden Field – allerdings mit der erbeuteten Fahne der Engländer. Daran erinnern die heutigen Common Ridings mit Reitkunst, festlichen Umzügen und Paraden, die jahrhundertelang auch dazu dienten, die Grenzen zu sichern

derweg über das hübsche Selkirk, wo Scott als Richter wirkte, hinauf zu einem seiner Lieblingsplätze: dem stillen, kristallklaren St. Mary's Loch, in dem sich die grünen Hügel der Lowlands spiegeln.

Volldampf voraus!

Am ersten September-Sonntag 2015 fanden sich Hunderte von Menschen am Bahnhof von Tweedbank ein, um einen Fahrschein für die neue Borders Railway zu ergattern. Jahrelang hatten Kommunalpolitiker und Bürgerinitiativen eine Restaurierung der Bahnlinie nach Edinburgh gefordert, die 1969 den Betrieb eingestellt hatte. Die „Waverley Line" will die Grenzregion nicht nur Wanderern und Radfahrern neu erschließen, sondern mit ihren historischen Dampfloks den Tourismus ankurbeln und neue Hoffnung in die von Textilkrise und Abwanderung geplagten Borders bringen. Ende 2018 soll „The Great Tapestry of Scotland" im Bahnhof eine dauerhafte Bleibe finden. Anderthalb Jahre brauchten die 1000 Stickerinnen aus ganz Schottland für die 143 Meter lange Zeitreise im Stil eines Comicstrips mit 160 Bildern von den ersten Anfängen bis zur Eröffnung des schottischen Parlaments.

Die Vergangenheit bestimmt hier noch vieles – auch die Kunst.

Lebendige Kunstszene

Dumfries und Galloway liegen abseits der Touristenströme. Von Hektik ist an der sonnenverwöhnten Solwayküste deshalb wenig zu spüren. Ihr besonderes Licht machte Kirkcudbright um 1900 zur Künstlerhauptstadt Galloways. Begonnen hatte alles mit Edward A. Hornel, Mitgründer der legendären „Glasgow Boys". Die malenden Rebellen sorgten durch ungewöhnlich realistische Darstellungen und kraftvolle Farben für Aufsehen. Auch die Girls der Glasgow School of Art zog es nach Kirkcudbright, allen voran

Meisterwerk von Stararchitekt Robert Adams: Culzean Castle besticht mit originellen Ausstattungsdetails. Das Bilderbuchschloss war einst Sitz der Kennedys, einer der ältesten und einflussreichsten Familien Schottlands, deren Stammbaum sich bis zu König Robert the Bruce zurückverfolgen lässt

In Gretna Green ist das Meer nicht weit (oben). Jedes Jahr reisen Tausende von Hochzeitswilligen aus aller Welt in den schottischen Grenzort, um dort den Bund fürs Leben zu schließen (rechts)

Culzean Castle entstand in der zweiten Hälfte des 18. Jahrhunderts als repräsentativer gräflicher Landsitz. Der frühere US-amerikanische Präsident Eisenhower hatte hier Wohnrecht auf Lebenszeit – aus Dankbarkeit für das US-Engagement im Zweiten Weltkrieg

Robert Burns

Special

Burns, Burns, Burns …

Goethe, Herder und Fontane verehrten Ihn: Schottlands Nationalbarden Robert Burns, der das Leben, die Frauen und den Whisky liebte.

Mit seinen 1786 erschienenen „Poems, Chiefly in the Scottish Dialect" traf Burns den Nerv der Zeit. Seine Verse im heimatlichen Scots wurden ein Ausdruck von schottischer Identität und Nationalbewusstsein. „Die schönsten Stunden verbring' ich mit den Mädchen", hieß es in einem der ersten Gedichte des damals Zwanzigjährigen, der in den „Lassies" eines seiner Lieblingsthemen gefunden hatte. Der gefeierte Poet verfasste romantische Gedichte, humorvolle Balladen, politische Texte und derbe Spottlieder. Haydn, Beethoven und Mendelssohn vertonten seine Verse. Eine literarische Wallfahrtsroute folgt heute seinen Spuren vom Geburtshaus in Ayr bis zu seiner Stammkneipe in Dumfries. Beide Orte wetteifern mit Museen, Gedenkstätten

Im Robert Burns Birthplace Museum

und Gasthöfen, in denen Burns gezecht und gedichtet hat. Mit seiner Hymne „Auld Lang Syne" wird in vielen Ländern rund um den Globus das neue Jahr begrüßt. Weltweit versammeln sich Schotten am 25. Januar zum Geburtstag des Barden beim whiskyseligen Burns Supper – mit seinen Liedern, einem Toast auf die „honest men and bonnie lassies" und natürlich dem von Burns besungenen Haggis, Schottlands Nationalgericht.

Jessie M. King, die Märchen von Oscar Wilde illustrierte und für das Londoner Edelkaufhaus Liberty femininen Schmuck im Jugendstildesign entwarf. Heute hauchen junge Maler, Bildhauer, Glasbläser und Goldschmiede der Künstlerkolonie neues Leben ein. Vier gewaltige Sandsteinbögen des Naturkünstlers Andy Goldsworthy symbolisieren auf den Hügeln nordwestlich von Moniave die Verbundenheit aller Schotten weltweit. Als Kunstobjekt und Landschaftspflege in einem, versteht sich Crawick Multiverse nördlich von Dumfries. Mit astronomisch ausgerichteten Steinsetzungen und viel Grün versucht Charles Jencks hier seit 2015 dem ehemaligen Steinkohletagebau ein neues Gesicht zu verleihen.

Hochzeitsschmiede Gretna Green

Als England 1754 das Heiratsalter auf 21 Jahre festsetzte, wurde das erste schottische Dorf hinter der englischen Grenze zur letzten Zufluchtsstätte für verliebte „Runaways". In Schottland durften sich Minderjährige schon mit 16 und ohne Zustimmung der Eltern das Jawort geben. Dafür musste nur der Schmied als Amtsperson die Liebenden vor Zeugen segnen – und zwei Zeugen fanden sich immer. Bis heute schließen jedes Jahr mehr als 2000 Verliebte über dem Amboss von Gretna Green den Bund fürs Leben.

DUMONT THEMA

ERNEUERBARE ENERGIEN

Stormy Weather

Im Sommer 2016 konnte Schottland seinen Strombedarf erstmals komplett mit Windkraft decken. Stürmisches Wetter hatte im August dazu geführt, dass die Turbinen mehr Energie erzeugten, als das ganze Land verbrauchte. Windräder, Strommasten und Überlandleitungen der Multi-Megawatt-Klasse sind allerdings ein gravierender Eingriff in die Landschaft, was zunehmend auf Kritik stößt.

Im Gegensatz zu Englands Plänen für einen Ausbau der Kernkraft setzt Schottland seit Jahren auf natürliche Ressourcen. An erster Stelle steht Windenergie, aber auch Wasser-, Gezeiten- und Wellenkraftwerke verändern nachhaltig den Energiemix. Bis 2030 will Schottland sich komplett mit Ökostrom versorgen, 2050 sollen nur noch Elektroautos auf schottischen Straßen unterwegs sein. Trotz relativ wenig Sonnenstunden können immer mehr Haushalte mit Solaranlagen ihren Strom- und Warmwasserverbrauch zumindest teilweise abdecken. 2016 ging mit Longannet das letzte schottische Kohlekraftwerk vom Netz, bis 2022 sollen die beiden Kernreaktoren Hunterston und Torness ihre Tore schließen.

Wind, Wasser und Gezeiten

Größer, höher, leistungsstärker. Immer neue Rekorde verzeichnen die schottischen Windparks, die inzwischen fast die Hälfte des in Schottland verbrauchten Stroms produzieren. Ihr Ausbau ist ein erklärtes Ziel der Politik. Als Meilenstein gilt Großbritanniens größter Onshore-Windpark Whitelee, 20 Kilometer südlich von Glasgow. Seine 215 Turbinen erzeugen 540 Megawatt – genug für 300 000 Haushalte. Für Offshore-Anlagen sprechen stabile und höhere Windgeschwindigkeiten auf See. 2018 geht wenige Seemeilen vor Peterhead das Pilotprojekt Hywind Scotland an den Start. Der bislang größte schwimmende Windpark wird mit seinen fünf, in 100 Metern Tiefe verankerten Turbinen 30 Megawatt erzeugen. Im für seinen starken Tidenstrom bekannten Pentland Firth zwischen Atlantik und Nordsee, soll ab 2020 das Gezeitenkraftwerk MeyGen mit seinen 60 Turbinen eindrucksvolle 400 Megawatt durch Ebbe und Flut gewinnen.

Klima- oder Naturschutz?

Den erzeugten Ökostrom bringt seit Ende 2015 eine 220 Kilometer lange Überlandleitung von Beauly bei Inverness quer durch die Highlands nach Denny bei Falkirk. Die XXL-Stromleitung kann 1200 Megawatt in die Ballungsgebiete des Südens liefern – Glasgow braucht in Spitzenzeiten etwa 900 Megawatt. Auf den ersten Blick ein großer Erfolg für die Energiewende. Aber 600 gigantische, 65 Meter hohe Strommasten, die mitten im Great Glen und Cairngorm National Park in den Himmel ragen? Naturschützer laufen Sturm. Energiewende ja, aber nicht vor der eigenen Haustür. Und nicht um diesen Preis. Die Schönheit atemberaubender Landschaften steht auf dem Spiel – ein Zielkonflikt, der nachhaltige und akzeptable Lösungen für Klima und Natur gleichermaßen verlangt.

Feiert die Windkraft: Graffiti von Art Pistol und Rogue-One in Glasgows Mitchell Street (oben). Beispiel für zukünftige innerstädtische Mobilität: Elektroauto im National Museum for Scotland (unten)

Pumpspeicherkraftwerk im schottischen Hochland bei Fort William (oben). Windpark in der Nähe von North Berwick (links)

Informationen

Wissenswertes zum Thema Windräder erläutert das **Visitor Centre der Whitelee Windfarm** südwestlich von Glasgow (Eaglesham Moor, Moor Road, www.whiteleewindfarm.com; tgl. 10.00–17.00 Uhr).
Wie, wo und wann Wasser-, Wellen- und Gezeitenkraftwerke funktionieren, welche Energiequellen Schottland heute nutzt und wie Elektroautos von morgen aussehen können, zeigen die Technikgalerien im schottischen **Nationalmuseum in Edinburgh** (Chambers Street, www.nms.ac.uk; tgl. 10.00–17.00 Uhr).

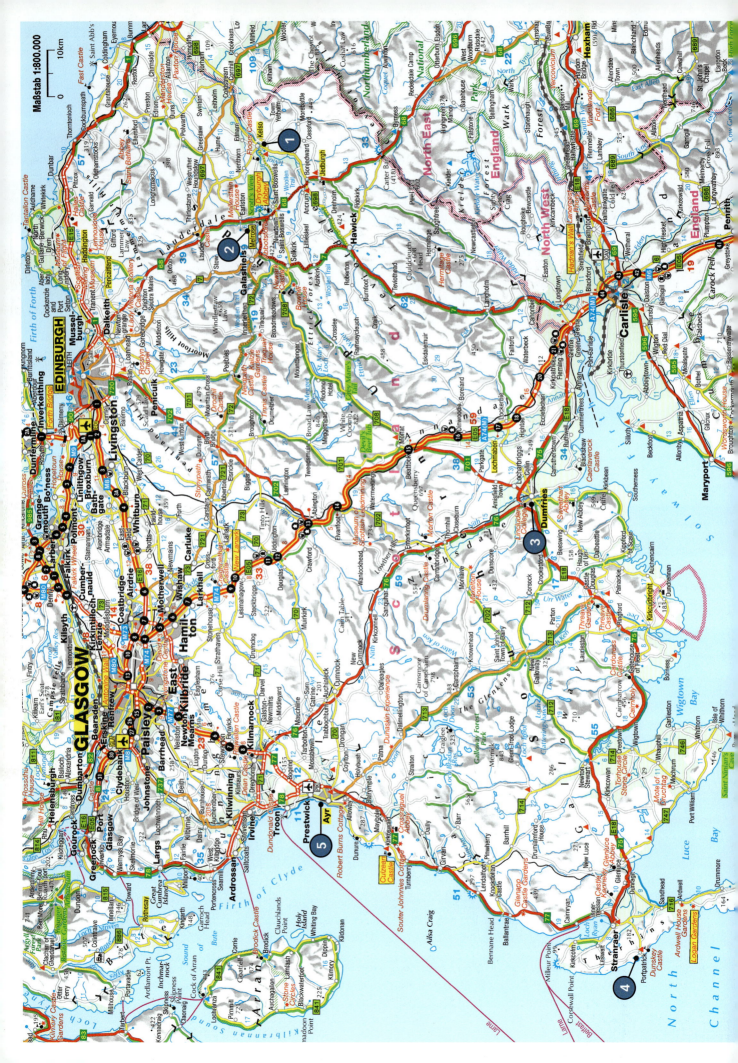

INFOS & EMPFEHLUNGEN

DER SÜDEN
34 – 35

Ritterburgen und Dichterromantik

Im Süden Schottlands locken alte Klöster und junge Kunst, fordern Nationalbarde Robert Burns und „Mister Romance" Walter Scott zu literarischer Spurensuche auf. Grenzlandabteien legten einst den Grundstein für textile Fertigkeiten. Ihre Techniken haben sich geändert, geblieben ist der ausgezeichnete Ruf für hochwertige Stoffe und Strickwaren.

❶ Kelso

Sir Walter Scott, der hier zur Schule ging, schwärmte von dem für seinen Schafmarkt im Sept. bekannten Marktstädtchen (5400 Einw.), im 12. Jh. als Klostersiedlung entstanden.

SEHENSWERT

Die 1128 gegründete **Kelso Abbey,** größte und reichste der Grenzlandabteien, wurde 1587 aufgegeben (April–Sept. tgl. 9.30–17.30, sonst Mo.–Mi., Sa. und So. 9.30–16.00 Uhr). Am Westende von Kelso thront das prachtvolle **Floors Castle** der Herzöge von Roxburghe mit dekorativen Türmchen im Tudorstil (18. und 19. Jh.). Nicht verpassen: die Familienporträts von Raeburn und Reynolds, das viktorianische Kinderzimmer und den Spaziergang im Schlosspark (www.roxburghe.net; Mitte April–Sept. tgl. 10.30–17.00, Okt. tgl. 10.30–15.30 Uhr).

HOTEL UND RESTAURANT

Im eleganten €€€€ **Roxburghe Hotel & Golf Spa** garantiert Sternekoch Albert Roux kulinarische Höhenflüge, den Golfplatz entwarf Ryder-Cup-Star Dave Thomas (Heiton, Kelso TD5 8JZ, Tel. 01573 45 03 31, www.roxburghe.net). Ende März–Nov. empfängt €€ **Edenwater House** Gäste in Kelso (s. S. 20).

VERANSTALTUNGEN

Jeden Sommer veranstalten elf Orte in den Borders die **Common Ridings,** eines der ältesten Pferdefestivals der Welt (s. auch S. 65).

UMGEBUNG

Gut 40 km östl. bei Eyemouth führen aussichtsreiche Wanderwege über die Klippen nach **St. Abb's Head,** wo Trottellummen, Eissturmvögel und Dreizehenmöwen nisten (www.nnr-scotland.org.uk). Dort verläuft auch der **Smuggler's Trail** ab Gunsgreen House als Rundweg zu ehem. Schmugglerhöhlen (www.gunsgreenhouse.org).

INFORMATION

Kelso iCentre, Town House, The Square, Kelso TD5 7HF, Tel. 01573 22 11 19, www.visitscotland.com

Sir Walter Scott's Abbotsford House (links). Scott's View auf das Tweed-Tal (rechts oben) und Dryburgh Abbey (rechts unten)

❷ Melrose

Das reizende Städtchen (2300 Einw.) am Fuß der Eildon Hills liegt im Herzen von „Scott's Country". Es entstand im Umfeld des Zisterzienserklosters und erlangte als textiles Produktionszentrum Bedeutung.

SEHENSWERT

Unter dem Hochaltar von **Melrose Abbey,** 1136 von Zisterziensern erbaut, im 16. Jh. zerstört und im Zuge der Reformation aufgehoben, soll das Herz von König Robert the Bruce begraben sein, der 1314 bei Bannockburn den größten Sieg über die Engländer errang (Abbey Street; April–Sept. tgl. 9.30–17.30, sonst tgl. 10.00–16.00 Uhr).

HOTEL UND RESTAURANT

Fisch und Muscheln von der Westküste serviert das charmante €€ **Burts Hotel** (Market Square, Melrose TD6 9PL, Tel. 01896 82 22 85, www.burtshotel.co.uk). Im € **Tibbie Shiels Inn** traf sich Sir Walter Scott gern mit dem dichtenden Schäfer James Hogg (30 km südw. am St. Mary's Loch, Tel. 01750 42 23 1).

UMGEBUNG

Zinnen, Erker und Ecktürmchen zieren das stattliche **Abbotsford House TOPZIEL** von Sir Walter Scott. Highlights: die Bibliothek mit 9000 Bänden aus aller Welt, der herrliche Park und das Besucherzentrum mit Scott-Ausstellung, Shop und Restaurant. Gästezimmer im Hope-Scott-Flügel (März–Sept. tgl. 10.00–17.00, Okt., Nov. 10.00–16.00 Uhr, www.scottsabbotsford.com). 3 km östl. eröffnet **Scott's View** die beste Aussicht auf das grüne Tal des Tweed. Unter mächtigen Zedern hat Scott in **Dryburgh Abbey** (1150 gegründet, 1544 zerstört) seine letzte Ruhe gefunden (8 km südl. von Melrose; April–Sept. tgl. 9.30–17.30, sonst tgl. 10.00 bis 16.30 Uhr).

INFOS & EMPFEHLUNGEN

Vorbild für den „großen Wandteppich zur Geschichte Schottlands", der 2018 in der Tweedbank Station nahe Abbotsford House einziehen soll, war der mittelalterliche Teppich von Bayeux über die Eroberung Englands durch Wilhelm den Eroberer (**Great Tapastery,** www.bordersrailway.co.uk; Fahrkarten für die Borders Railway auf www.scotrail.co.uk).

INFORMATION
Melrose iCentre, Priorwood Garden, Abbey Street, Melrose TD6 9PX, Tel. 01896 82 01 78, www.visitscotland.com

❸ Dumfries

Im beschaulichen Hauptort (40 000 Einw.; Stadtrecht 1395) der westlichen Lowlands begegnet man dem Dichter Robert Burns (1759–1796) auf Schritt und Tritt.

SEHENSWERT
Seine letzten Jahre verbrachte der Nationalbarde, der nur 37 Jahre alt wurde, im **Burns' House** (Burns Street); am Westufer des River Nith widmet sich das **Robert Burns Centre** dem Lieblingssohn der Stadt (beide: Sommer tgl. 10.00–17.00, Winter Di.–Sa. 10.00–17.00 Uhr), der auf dem St. Michael's Kirkyard in einem Mausoleum ruht.

HOTEL UND RESTAURANT
Das viktorianische €€ **Hazeldean House** hat Himmelbetten aus Mahagony (4 Moffat Road, Dumfries DG1 1NJ, Tel. 01387 26 61 78, www.hazeldeanhouse.co.uk).

> **Tipp**
>
> ### Tweed, Kaschmir und Kilt
>
> Moderne Tweedstoffe, kuschelige Wollpullover oder doch lieber einen Kilt? **Lochcarron of Scotland** ist eine der letzten großen Mühlen, die trotz zunehmender Konkurrenz aus Billiglohnländern noch hier produziert. Das 1892 an der Dunsdale Road in Selkirk gegründete Unternehmen, das über 700 Tartans zur Auswahl hat, beliefert auch Vivienne Westwood, Ralph Lauren und Burberry (14 km südw. von Melrose, www.lochcarron.co.uk; Visitor Centre Mo.–Sa. 9.00–17.00, Führungen Mo.–Do. 10.30 bis 14.30 Uhr).
> Das **Borders Textile Towerhouse** erzählt die Geschichte der heimischen Textilindustrie (15 km südl. in Hawick, www.heartofhawick.co.uk; Sommer tgl. 10.00–16.00, Winter Mo.–Sa. 10.00 bis 16.00 Uhr); die hiesige **Hawick Factory** in der Arthur Street verkauft feinste Kaschmirwaren (www.hawico.com).

Einer hält das Boot, einer jagd den Lachs: Nur so lässt sich auf dem Tweed fliegenfischen (oben). Portpatricks Hafenfront (unten)

Das €€ **Globe Inn,** wo Burns häufig mit Freunden gezecht hat, serviert hausgemachte Pies und Currys zum süffigen Sulwath Ale (56 High Street, Tel. 01387 25 23 35).

UMGEBUNG
Ein Naturlehrpfad führt zum mittelalterlichen **Caerlaverock Castle** der Familie Maxwell, die die dreieckige Wasserburg am Solvay Firth über 400 Jahre bewohnten, bevor religiöse Widerständler, Covenanter, sie 1640 zerstörten (12 km südöstl. von Dumfries; April–Sept. tgl. 9.30–17.30, Okt.–März tgl. 10.00–16.00 Uhr). Deftige Würste, edle Schokolade und lokales Craft Beer – die „Food Town" **Castle Douglas** wirbt mit vielen Feinkostläden (28 km südw. von Dumfries; www.cd-foodtown.org). In **Kirkcudbright** stellen Künstler ihre Arbeiten in Ateliers, Galerien und auf dem Arts & Craft Trail Anf. Aug. vor (Artist's Town, 42 km südw. von Dumfries, www.kirkcudbright.co.uk). **Broughton House** (18. Jh.) begeistert mit dem Atelier des Spätimpressionisten Edward Atkinson Hornel (1864–1933) und üppigem Garten, (12 High Street, Kirkcudbright; April–Okt. tgl. 12.00–17.00 Uhr). Ende Sept. stellen zeitgenössische Autoren auf dem Wigtown Book Festival ihre Werke vor (50 km westl. von Kirkcudbright). **Drumlanrig Castle** wurde vor über 600 Jahren für den Douglas-Clan erbaut, die späteren Herzöge von Buccleuch – und bis heute größten Grundbesitzer Großbritanniens. Zum Renaissancepalast (1671–1689) mit Porträts von Ramsay, Reynolds und Gainsborough gehört ein schöner Landschaftspark samt Abenteuerspielplatz, Mountainbiking und Landrover-Touren (29 km nördl. von Dumfries; Führungen Mai–Aug. tgl. 11.00–16.00 Uhr, www.drumlanrigcastle.co.uk). Steinsetzungen in Form von Galaxien, Kometenkonstellationen und unserer Milchstraße laden im **Crawick Multiverse** zu phantastischen Spaziergängen ein (36 km nördl. von Dumfries, www.crawickmultiverse.co.uk; Febr.–Sept. tgl. 10.00–16.00, Juli und Aug. tgl. 10.00–18.00 Uhr). Auch die **Striding Arches**, vier von Andy Goldsworthy

als Erinnerung an die alle emigrierten Schotten errichteten „schreitende" Sandsteinbögen lohnen den Besuch (10 km nördl. von Moniave bei Cairnhead, www.stridingarches.com).
Die Moffat Woolen Mill in **Moffat** bietet über 500 Tartans, Kaschmir und Whisky an (35 km nördl. von Dumfries, www.ewm-store.co.uk).

INFORMATION
Dumfries iCentre, 64 Whitesands, Dumfries DG1 2RS, Tel. 01387 25 38 62, www.visitscotland.com

❹ Portpatrick

Hübsche Häuschen säumen die Waterfront des Fischerhafens (540 Einw.), über Jahrhunderte Sprungbrett nach Irland. Heute steht Tourismus im Vordergrund.

SEHENSWERT
Dank des milden Golfstroms gedeihen im **Logan Botanik Garden** exotische Farne und Palmen (www.rbge.org.uk; Mitte März–Okt. tgl. 10.00–17.00, Febr. So. 10.00–16.00 Uhr).

HOTEL UND RESTAURANT
Churchill wählte die von drei Seiten durch Kliffs geschützte €€€€ **Knockinaam Lodge** im Zweiten Weltkriegs als geheimen Treffpunkt mit US-General Eisenhower. Heute locken zehn traumhafte Zimmer und die Sterneküche von Tony Pierce (Portpatrick DG9 9AD, Tel. 01776

Wir wollen die Dinge immer genauso belassen wie sie sind, aber das ist nicht die Natur des Lebens, oder? Naturkünstler Andy Goldsworthy

810471, www.knockinaamlodge.com). Nicht nur beim Folk Festival im Sept. ist das €€ **Crown Hotel** am Hafen eine beliebte Adresse – vor allem für fangfrischen Hummer (9 North Crescent, Portpatrick DG9 8SX, Tel. 01776 810261, www.crownhotelportpatrick.com).

❺ Ayr

Burns und Shopping sprechen für das nette Städtchen (47 000 Einw.) am Firth of Clyde, seit 1600 Jahren römisch-katholischer Bischofssitz und 1315 unter Robert the Bruce Veranstaltungsort des Schottischen Parlaments.

SEHENSWERT

Zum **Robert Burns Birthplace Museum** im Vorort Alloway gehören das reetgedeckte Geburtshaus des Nationalbarden und die mittelalterliche Steinbrücke Brig o' Doon, auf der sich Burns' poetischer Held Tam o' Shanter vor Hexen in Sicherheit brachte, weil sie laut Burns Ballade kein fließendes Gewässer überqueren können (Murdoch's Lone, Alloway, www.burnsmuseum.org.uk; April–Sept. tgl. 10.00–17.30, sonst tgl. 10.00–17.00 Uhr).

HOTEL UND RESTAURANT

Legendäres Weltklasse-Golfhotel ist €€€€ **Trumps Turnberry Resort** mit zwei Championship-Golfplätzen am Meer (Maidens Road, Turnberry KA26 9LT, Tel. 01655 33 10 00, www.turnberry.co.uk). Gute Golfpackages und Panoramablick auf den Firth of Clyde bietet das €€€/€ **Horizon Hotel** (Esplanade, Ayr KA7 1DT, Tel. 01292 26 43 84, www.horizonhotel.com).

UMGEBUNG

Im Pub Poosie Nansie's in **Maucheline** lernte Burns Jean Armour kennen, die er 1788 auch dort heiratete. Ihr Cottage in der Castle Street ist jetzt das Burns House Museum (20 km östl. von Ayr; Di.–Sa. 10.00–16.00 Uhr).
Auf den Klippen bei Maybole thront **Culzean Castle**, in dem Robert Adams im 18. Jh. georgianische Strenge mit romantischen Akzenten vereinte. Chippendale- und Regency-Möbel zieren die Gemächer von Lord Cassilis. Pflicht ist ein Spaziergang im Schlosspark (20 km südl. von Ayr, www.culzeanexperience.org; April bis Okt. tgl. 10.30–17.00, Führungen 11.00 und 14.30 Uhr).
Bei Gourmets, Golfern und Seglern hat sich die **Insel Arran** einen Namen gemacht (www.taste-of-arran.co.uk, Fähre von Ardrossan nach Brodick); nicht zu vergessen die Beautyprodukte von Arran Aromatics (s. auch S. 101). Street Art im Grünen? Das mittelalterliche **Kelburn Castle** verspricht außer Baumriesen, Reiten und Mountainbiken einen echten Hingucker: 2007 wurden Fassadenteile mit Graffiti bemalt (52 km nördl. von Ayr, www.kelburnestate.com; April–Okt. tgl. 10.00–18.00 Uhr).

INFORMATION

Ayrshire & Arran Tourist Board, 22 Sandgate, Ayr KA7 1BW, Tel. 01292 29 03 00, www.ayrshire-arran.org

---

Genießen   Erleben   Erfahren

DuMont Aktiv

Rauf aufs Rad!

Alle vier Grenzlandabteien lassen sich wunderbar mit dem Fahrrad erkunden. Die „4 Abbeys Cycle Route" ist als 88 km langer, hügeliger Rundkurs von Melrose nach Kelso angelegt. Genau das Richtige für ein Radelwochenende, für Leute mit Kondition.

Die Radtour zum Traquair House, die ohne Steigung von Peebles aus 12 km dem Tweedufer folgt, verspricht Spaß für die ganze Familie. Traquair wurde vor gut 900 Jahren erbaut und ist somit das älteste bewohnte Herrenhaus Schottlands. Maria Stuart war hier ebenso zu Gast wie der erfolglose Thronprätendent „Bonnie Prince Charlie". Nach dessen Abreise 1746 wurde das Haupttor geschlossen mit dem Schwur, es erst wieder zu öffnen, wenn ein Stuart den Thron besteigt. Seither müssen Besucher den Seiteneingang nehmen. Spannend für den Nachwuchs ist das Heckenlabyrinth. In die alten Stallungen sind Maler, Bildhauer und Schmuckdesigner eingezogen. Das Jacobite Ale der Hausbrauerei wird nach einem Rezept aus dem 18. Jahrhundert gebraut.

Die Tweed Cycle Route führt von Biggar in vier bis fünf Tagen auf verkehrsarmen Nebenstrecken durch das wunderschöne Tal des Tweed bis zur Küste nach Berwick-upon-Tweed. An der 150 km langen, überwiegend moderaten Strecke liegen Abbotsford House, die Abteien von Kelso und Melrose sowie Floors Castle. Samstags lassen sich auf den Märkten von Kelso und Peebles leckere Lunchpakete zusammenstellen.

Kelso Abbey ist eines der Radlerziele

Informationen

Tourenkarten mit Tipps zu Hotels, Shops, Restaurants und Fahrradverleih finden sich als Downloads auf der Internetseite www.cyclescottishborders.com.
Traquair House bietet Shop, Restaurant und drei Schlossgemächer zum Übernachten (Innerleithen, Peeblesshire EH44 6PW, Tel. 01896 83 03 23 www.traquair.co.uk; April–Sept. tgl. 11.00–17.00, Okt. tgl. 11.00–16.00, Nov. Sa. und So. 11.00–15.00 Uhr).
Tolle **Trails für Mountainbiker** haben die „7 Stanes" im Süden Schottlands, sieben Mountainbike-Zentren (Glentress und Innerleithen bei Peebles, Kirroughtree in Galloway, Dalbeattie und Mabie bei Dumfries, Newcastleton in den Borders) mit Downhillstrecken für Anfänger, Familien und auch Profis (www.7stanes.gov.uk).

EDINBURGH UND UMGEBUNG
38 – 39

Im Zeichen der Burg

Es heißt, Edinburgh sei ein Schloss, das sich eine Stadt hält. Eine traumhaft schöne, die seit mehr als einem halben Jahrtausend der kulturelle Mittelpunkt Schottlands ist. Edinburra, wie die Einheimischen sagen, hat Stil, Geschichte und Größe, ist Weltkulturerbe, Festivalhochburg und Heimat der besten Köche und Kiltmaker. Jenseits des Firth of Forth liegen bereits die Highlands, idyllische Dörfer und auch die Wiege des Golfsports.

Die besten Seiten Edinburghs zur blauen Stunde: Vom Calton Hill erfasst der Blick die Burg, den Uhrturm des Grandhotels „The Balmoral" und Scott's Monument im Vordergrund

Im August wird Edinburgh zur Festivalhochburg, ist die Stadt im Ausnahmezustand. Unzählige Straßenkünstler wie Harbingers Drum Crew und ihr Publikum zieht es dann auf die Royal Mile. Markanter Treffpunkt ist St. Giles Cathedral mit seiner spätgotischen Steinkrone (im Hintergrund)

Kein Stern leuchtet schöner als die Lichter der Straßen von Edinburgh.

Robert L. Stevenson

Königsburg und Festivalfieber, Michelinsterne und Modemeilen, schick-schräges Nightlife und eine Naturbegabung fürs Dramatische – Edinburgh ist ein Glücksfall. Wer zur blauen Stunde vom Calton Hill auf City und Castle blickt, ist Schottlands schönster Stadt vermutlich schon erlegen. Die gewaltige Festung auf einem erloschenen Vulkankegel ist Blickfang und Wahrzeichen der schottischen Hauptstadt. Direkt unterhalb breitet sich die historische Altstadt aus, ein verwinkeltes Labyrinth aus kopfsteingepflasterten Gassen, steilen Treppen und schmalen Hinterhöfen.

Das Rückgrat der Old Town bildet die Royal Mile, eine wahrhaft königliche Flaniermeile. Hier schlägt das Herz der Stadt, reihen sich Pubs und Restaurants an Kiltmaker und Whiskyshops, Museen, Kirchen und Cafés, starten im langen Schatten von St. Giles begabte Geschichtenerzähler gruselige Geistertouren. Die Prachtmeile endet neben dem neuen Parlament am schmiedeeisernen Tor von Holyrood Palace, der offiziellen Residenz der Royals.

„Auld Reekie", alte Verräucherte, nannte man die mittelalterliche Stadt, in der Kamine qualmten, der Unrat auf der Straße lag und bis zu 60 000 Menschen auf engstem Raum in dicht gedrängten Häusern hausten. Um dem Bevölkerungswachstum gerecht zu werden, wurde in die Höhe gebaut. Mehr als ein Dutzend Stockwerke hatten Europas erste Wolkenkratzer, wo Adlige und Advokaten, Händler und Handwerker unter einem Dach lebten.

Das änderte sich um 1800 mit dem Bau der eleganten georgianischen Neustadt. Für das klassizistische Bravourstück entwarf James Craig symmetrische Straßen, weiträumige Plätze und repräsentative Reihenhäuser, die an gepflegten Gärten den Tag verträumen. Edinburgh wurde zur Metropole der schottischen Aufklärung und Hochburg der Forschung. Im „Athen des Nordens" rückte der Philosoph David Hume die Ratio, Skepsis und Pragmatismus in den Mittelpunkt, gründete Adam Smith die moderne Volkswirtschaftslehre, wurde mit Karbol, Chloroform und Penizillin der Kampf gegen die Sepsis gewonnen. Das historische Erbe von Old und New Town verbinden die grünen Princes Street Gardens zu einem harmonischen Ganzen und zu einem eindrucksvollen UNESCO-Welterbe.

Willkommen in der Hauptstadt!
Mit 490 000 Einwohnern ist Edinburgh zwar kleiner als Glasgow, gibt aber trotzdem meist den Ton an. Und das nicht nur

EDINBURGH UND UMGEBUNG
40 – 41

Die Royal Mile ist das Rückgrat der Altstadt, Flaniermeile und Ziel der Stadtrundfahrten im Hop-on-Hop-off-Doppeldeckerbus

Sightseeing anders: Auf Guru Dudu's Silent Disco Walking Tour kommt Musik aus den Kopfhörern, um gut gelaunt das Leben zu feiern (oben). Auch vor der Tron Kirk wird beim Edinburgh Festival im August jongliert, getanzt, gesungen (unten).

Höhepunkt des Edinburgh Festival ist das Royal Military Tattoo vor der beleuchteten Burg, zu dem Dudelsackspieler, Trommler, Sänger und Tänzer aus der ganzen Welt antreten

Stets belebte Shoppingmeile mit Kaufhäusern und Trendlabels ist die Princes Street der New Town. Ihr Blickfang ist der Uhrturm am Hotelpalast „Balmoral" (rechts). Der Kirchplatz vor St. Giles Cathedral wird häufig zur Bühne (unten)

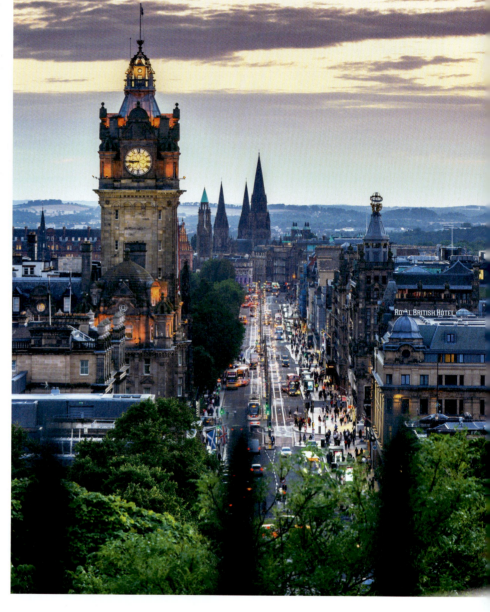

Einst Viehmarkt und Hinrichtungsstätte, bezaubert der Grassmarket heute mit hohen alten Häusern und studentischem Flair in angesagten Pubs, Clubs und Restaurants

EDINBURGH UND UMGEBUNG
42 – 43

Von der viktorianischen Ross Fountain in den Princes Street Gardens reicht der Blick bis zum Burgfelsen – Besuchermagnet und beherrschender Punkt in der Silhouette der Hauptstadt

> Rebus bewegte sich durch den Dschungel der Stadt, jenen Dschungel, den die Touristen nie zu sehen bekamen …
>
> Ian Rankin in „Verborgene Muster"

im preisgekrönten Parlamentsgebäude, wo Nicola Sturgeon und die Scottish National Party 2016 erneut als Wahlsieger hervorgingen. Keine 60 Kilometer trennen die beiden Großstädte, die unterschiedlicher nicht sein könnten. Es heißt, in Glasgow werde produziert, in Edinburgh gehandelt. Glasgow ist Synonym für lässigen Lifestyle und viel Herz. Und manchmal fehlende Manieren. Edinburgh pflegt wohlhabendes Bürgertum und Traditionen, lebt die Historie, perfekt und posh, mitunter arrogant und kühl. Wie meist liegt die Wahrheit irgendwo dazwischen. Jenseits aller Klischees setzen beide Städte auf Veränderung. Glasgow blieb nach dem industriellen Niedergang keine andere Wahl. In Edinburgh ist es ein Balanceakt zwischen Aufbruch und UNESCO-Auflagen.

Die Kulisse der Stadt scheint wie für die Ewigkeit gemacht, dabei ist viel in Bewegung. Das belegen die neue Tram und das erweiterte Nationalmuseum, schicke Boutiquehotels, tolle Shoppingadressen und gutes Essen an jeder Ecke. „Ich bin fast ein Fanatiker, wenn es darum geht, jahreszeitgerecht zu kochen", meint Schottlands jüngster Sternekoch Tom Kitchin, der im Hafenviertel Leith am Herd steht. Aus frischen saisonalen Zutaten der Region sind aber nicht nur die Gerichte der Gourmettempel. Wie Hochlandwild, Lamm oder Jakobsmuscheln köstlich zubereitet werden, wissen auch zahlreiche junge Gastropubs und Trendlokale mit spannender Karte, spritzigen Weinen und süffigem Craft Beer – "Sit ye doon yer welcome!"

Ich schick euch eine Eule

Erste UNESCO City of Literature wurde Edinburgh. Nicht nur ein Fußballclub, auch der Bahnhof Waverley ist nach einem Bestseller von Sir Walter Scott benannt, dem außerdem ein gewaltiges Monument und eine ganze Etage im Writer's Museum gewidmet sind. Die zweite Etage stellt Nationaldichter Robert Burns vor, eine dritte den „Schatzinsel"-Autor Robert L. Stevenson. Der studierte Sohn aus einer Leuchtturmbauer-Dynastie kannte beide Gesichter Edinburghs, das wohlsituierte, puritanische Bürgertum und die Spielhöllen und Spelunken der Halbwelt. Und Stevenson hasste die nasskalten Nebel, die ihn zwangen, wegen seines Lungenleidens in die Südsee auszuwandern. So brilliant wie bedrückend brachte er 1886 mit dem „seltsamen Fall von Dr. Jekyll und Mr. Hyde" die Widersprüche seiner Heimatstadt zum Ausdruck. Inspiriert wurde er vom Schicksal des Deacon Brodie, bei Tag ein Tischler und ehrenwerter Stadtrat, des Nachts ein Dieb, der 1788 am Galgen endete.

Abseits der Touristenpfade lassen sich in der Circus Lane von Stockbridge verträumte Ecken Edinburghs entdecken

Hochzeiten, Festivals oder Fußballspiele – die Schotten tragen gerne Rock. Kiltmaker Howie Nicholsby schwört auf lässigen Look mit Wickelrock, Wollsocken und Stiefeln (Mitte links). Kein Trubel, Lärm oder Hektik stören im eleganten „The Dome" an der George Street im Herzen der New Town (Mitte rechts)

Dank seiner Läden, Restaurants und Pubs hinter historischen Fassaden ist Edinburghs Grassmarket vielbesucht

Grüne Oase zwischen Alt- und Neustadt: Am Südhang der Princes Street Gardens thront das Museum on the Mound – in der früheren Bank of Scotland dreht sich alles ums Geld

Den Herzschlag der Hauptstadt macht jedoch keiner so spürbar wie Ian Rankin. Fesselnd, düster und mit trockenem Humor lässt er in seinen Krimis Kultkommissar Rebus fernab der offiziellen Postkartenidylle ermitteln. Fabulierkunst oder Magie, Millionen Leser rund um den Globus haben die genialen Geschichten des Zauberschülers Harry Potter verschlungen. Die ersten Abenteuer ihres Helden skizzierte Joanne K. Rowling als Sozialhilfeempfängerin im Café „Elephant House", das Finale verfasste sie als bis dato erfolgreichste Schriftstellerin und mittlerweile reicher als die Queen im Zimmer Nr. 652 des Grandhotels „The Balmoral". Die Tradition des Geschichtenerzählens setzt das Scottish Story Telling Centre fort, wo jeden Sommer die prominentesten Autoren beim Book Festival erscheinen. Vielleicht läuft man dort Mrs. Rowling über den Weg, die jetzt auch Thriller schreibt und entgegen aller Vorsätze ihren achten Band mit einem erwachsenen Harry Potter vorstellte.

Fashion, Kunst und Klonschaf Dolly
Niemand kann Karos und Korsetts so schön und provokant in Szene setzen wie Vivienne Westwood, die den Harris-Tweed liebt und ihre Models schon mal mit „Yes"-Button für die schottische Unabhängigkeitsbewegung auf den Lauf-

Das königliche Einhorn grüßt vom mittelalterlichen Marktkreuz mitten im Bilderbuchdörfchen Culross. Seine Kopfsteinpflastergassen und historischen Häuschen aus dem 16. und 17. Jahrhundert, die vom National Trust for Scotland bewahrt werden, dienten als Drehorte der „Outlander"-Filme (rechts). Die 1318 geweihte Kathedrale von St. Andrews war bis zur Zerstörung während der Reformation das größte Gotteshaus in Schottland (unten)

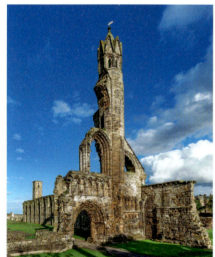

Unvergesslich für Pferdefreunde: ein Ausritt am kilometerlangen Sandstrand der Oxroad Bay bei North Berwick am Firth of Clyde östlich von Edinburgh

Die Hochzeitsgäste am Portobello Beach bei Edinburgh nehmen das wechselhafte Wetter mit Humor – ein sympathischer Grundzug aller Schotten

Victoria & Albert Museum

Special

Platz für Ideen

Im Sommer 2018 eröffnet das V&A Museum of Design an Dundees Hafenfront als Raum der Begegnung für Besucher aus aller Welt.

Bei der Gründung des V&A Museum im London der 1850er-Jahre hatte Prince Albert die Idee einer Bildung für alle. In dieser Tradition will Dundee Innovationen vorstellen und verständlich machen, besonders im Bereich des Digital Design. Statt auf „Jute, Jam & Journalism" wie einst, setzt die erste UNESCO City of Design heute auf Forschung, Kunst und Computerspiele als Exportschlager. Geblieben sind die beliebten Comics dundonischer Zeichner: Jeder Schotte kennt die Abenteuer von Desperate Dan und von Oor Wullie, der seit 80 Jahren in der Sunday Post erscheint und vor dem neuen Museum ein Denkmal erhalten wird.

steg schickte. Wie die britische Moderebellin ihre eigenen Tartanmuster entwarf oder warum sich Fashion-Guru Alexander McQueen in Schottland zu Hause fühlte, erzählen die Galerien für Mode und Design im sensationellen National Museum of Scotland. In seinen hellen Räumen gibt es Geschichte zum Anfassen, Kunst und Weltkulturen, lassen sich Erfindungen von der Dampflok bis zum Telefon, Klonschaf Dolly, Elektroautos der Zukunft und ein Modell der neuen Brücke über den Firth of Forth bestaunen, und das alles gratis! Gegenüber liegt der Greyfriars Kirchhof. Laut Legende soll dort ein Hund 14 Jahre am Grab seines Herrchens gewacht haben. Egal, ob die Geschichte von Greyfriars Bobby stimmt oder nicht. Die Pfoten am Denkmal des kleinen Skye Terriers Bobby sind blank gerieben – wahre Treue hat ihre Freunde zu allen Zeiten.

Neue Perspektiven

Seinen ersten Michelinstern verdankte Edinburgh 2001 Martin Wishart, der wie Gott in Frankreich kocht und die begehrte Auszeichnung für sein Lokal am Leith bis heute hält. Hier mündet der Fluss in den Firth of Forth. Das Hafenviertel Leith hat sich in den letzten Jahren am stärksten verändert. Nach dem Niedergang der Werften kam der Abstieg, wurde es lange mit den Junkie-Eskapaden aus Irvine Welshs Kultroman und Film „Trainspotting" gleichgesetzt. Noch immer gibt es reichlich triste Ecken. Aber rund um die einstigen Kais von The Shore haben Feinschmeckerlokale, Bistrobars und Kunstgalerien das Ruder übernommen. Am modernen Ocean Terminal in den früheren Docklands legen Kreuzfahrtschiffe an – in Sichtweite der Royal Yacht „Britannia", mit der die königliche Familie jahrzehntelang rund um den Globus schipperte, bevor die schwimmende Residenz Museumsschiff wurde und Besuchermagnet ersten Ranges.

Film ab!

Weiß und gelb getünchte Häuschen, Kopfsteinpflaster, Kräutergärten und ein mittelalterlicher Marktplatz – die Bilderbuchkulisse von Culross diente der TV-Serie „Outlander" für ihre Zeitreise in Schottlands Vergangenheit. Gefilmt wurde dafür auch in Hopetoun House, Falkland und Doune Castle, das schon bei Monthy Python und in „Game of Thrones" zu sehen war. Engel, die Dudelsack spielen und eine meisterhafte Lehrlingssäule: Rosslyn Chapel südlich der Hauptstadt war Drehort für Dan Browns Religionsthriller „Sakrileg", der die Templerkirche zum finalen Schauplatz auf der Jagd nach dem Heiligen Gral machte.

DUMONT
THEMA

SCHOTTENKARO

Kilt ist Kult

Symbol für Schottland ist der Tartan. Geschichte, Mythen und Legenden sind mit dem berühmten Karomuster verwoben. Das älteste Tartantuch ist fast 1800 Jahre alt. Aber erst als Sir Walter Scott im 19. Jahrhundert alles Schottische wieder populär machte und Königin Victoria ihre Liebe zu den Highlands entdeckte, wurde der Tartan trendy, vor allem als Kilt.

Seit Jahrzehnten ein gefragter Kiltmaker in der Royal Mile: Geoffrey führt den Familienbetrieb mit eigener Weberei

Schöner als jeder Smoking schmückt der karierte Rock die schottische Männerwelt. Getragen wird er vor allem zu großen Anlässen wie Hochzeiten und Hogmanay am Jahreswechsel, Festivals und Fußballspielen. Der Form nach eigentlich ein Frauenkleid, macht der Kilt Männer dennoch sexy. Schwere Wollstoffe sorgen für den richtigen Schwung und messerscharfen Faltenwurf. Zubehör sind Jacket, Sporran-Beutel, ein kleiner Dolch, der neben bunten Stofffähnchen am weißen Wollstrumpf steckt und schwarze Schnürschuhe, die Ghillie Brogues. Natürlich kam Sean Connery im Kilt zum Ritterschlag. Tennis-Star Andy Murray heiratete seine Kim im Schottenrock, und auch die Schauspieler Ewan McGregor, Robert Carlyle und James McAvoy gehen gerne im karierten Outfit zu Filmpremieren. Selbst die Anhänger der schottischen Fußball-Nationalelf treten im Kilt an und nennen sich stolz die „Tartan Army".

Tartan, Plaid und Kilt
Ursprünglich gab das Tartanmuster Aufschluss über Heimatregion, Clanzugehörigkeit und den sozialen Status des Trägers. Dafür wurde die Wolle mit regionaltypischen Beeren- und Pflanzensäften eingefärbt – wie eine Art Postleitzahl. Weberinnen kerbten die genaue Abfolge der Kett- und Schussfäden in ein Stück Holz, um das Muster für kommende Generationen festzuhalten. Decke, Regenschutz und Wollumhang zugleich war jahrhundertelang das aufwendig gefaltete „Plaid" der Hochländer. Es bestand aus zwei fünf Meter langen Stoffbahnen, die, über die Schulter geworfen und in der Taille gegürtet, am Knie endeten. Der gewickelte Kilt-Rock, wie man ihn heute kennt, ist erst eine praktische Erfindung des 18. Jahrhunderts.

Nach der Niederlage von Culloden 1746 wurden Tartan, Dudelsack und Gälisch von den Engländern verboten, und Vieles geriet in Vergessenheit. Erst durch King George IV. erlebten Clans, Tartan und Kilt ihre Renaissance, als der König 1822 bei einem Schottlandbesuch prominent im Kilt erschien. „Let every man wear his tartan!", forderte Sir Walter Scott, der

EDINBURGH UND UMGEBUNG
48 – 49

21st Century Kilts: Kiltmaker Howie Nicholsby nimmt Maß

Geoffrey's The Tartan Weaving Mill auf der Royal Mile ist eine Kombination aus Souvenirshop und Museum

Tartan, Clans und Kiltmaker

Alles zum Thema Clans und mehr als 3000 alte und neue Tartanmuster, und wer will, kann einen eigenen Tartan entwerfen und registrieren lassen: www.houseoftartan.com und www.tartanregister.gov.uk

Maßarbeit & Verleih

Günstig ist ein maßgeschneiderter Kilt nicht. Für ein traditionelles „Prince Charlie Outfit" mit Schottenrock, Schuhen, Strümpfen und Sporran sind zwischen 700 und 2000 £ zu bezahlen. Kilts für sie und ihn, von klassisch bis hip, findet man in Edinburgh an der Royal Mile bei John Morrison (63 High Street, www.heritageofscotland.com) und bei Geoffrey, der am Castle Hill 555 zudem eine Tartanweberei betreibt (57 High Street, www.geoffreykilts.co.uk; auch Kilt-Verleih), in der New Town bei 21st Century Kilts (48 Thistle Street, www.21stcenturykilts.com) und seit 1868 beim Hoflieferanten Kinloch Anderson im Stadtteil Leith (4 Dock Street, www.kinlochanderson.com; auch Kilt-Verleih).

die königliche Visite in Edinburgh als effektvolles Historienspiel inszenierte – und der Tuchindustrie gefüllte Auftragsbücher bescherte. Ganze Regimenter sollten nun im Kilt samt Dudelsack für das britische Empire marschieren. Queen Victoria ließ die Gemächer von Schloss Balmoral mit rotem Royal Stewart Tartan ausstatten, und Prinzgemahl Albert entwarf das edle Balmoral-Muster, das bis heute den Royals vorbehalten bleibt. Nachforschungen über Clanzugehörigkeit und traditionsreiche Tartans hatten Hochkonjunktur. 1845 erschien „The Clans of the Scottish Highlands" von James Logan, der für das solide Standardwerk drei Jahre durch die Highlands gewandert war. Nun war der Siegeszug des Schottenkaros nicht mehr aufzuhalten, der karierte Stoff wurde zum nationalen Markenzeichen.

Für alle Anlässe

Längst haben auch Lifestyle, Kitsch und Kunst das schottische Webmuster für sich entdeckt. Stilikonen wie John Galliano, Stella McCartney und Vivienne Westwood verhalfen dem Tartan zum endgültigen Durchbruch als modisches Design. Howie Nicholsby trägt seit 20 Jahren nur Kilt. Der Edinburgher Designer schwört auf einen alltagstauglichen, lässigen Look mit Wickelrock, Wollsocken und Stiefeln. Denim, Leder oder Leinen – in seinem winzigen Atelier „21st Century Kilt" beweist Howie, dass der klassische Kilt ganz neu interpretiert werden kann. Und das alles andere als kleinkariert. Nicht nur seine modernen Stoffe, auch die Schnitte begeistern. Zum prominenten Kundenkreis gehören Sänger Robbie Williams, Filmstar Vin Diesel und Fürst Albert II. von Monaco. Schon Howies Urgroßvater schneiderte die langlebigen Schottenröcke. Gelernt hat Howie das Handwerk bei seinem Vater Geoffrey, bereits seit Jahrzehnten ein gefragter Kiltmaker in der Royal Mile. Fünf Jahre dauerte die Ausbildung. Howie experimentiert, inszeniert, nimmt sich Zeit. Der Aufwand hat seinen Preis. Aber waschechte Schotten hängen eben sehr an ihrem Kilt – und tragen darunter häufig mehr als viele denken.

Ein sogenannter Sporran – überwiegend aus Fell und Leder – ergänzt den taschenlosen Kilt

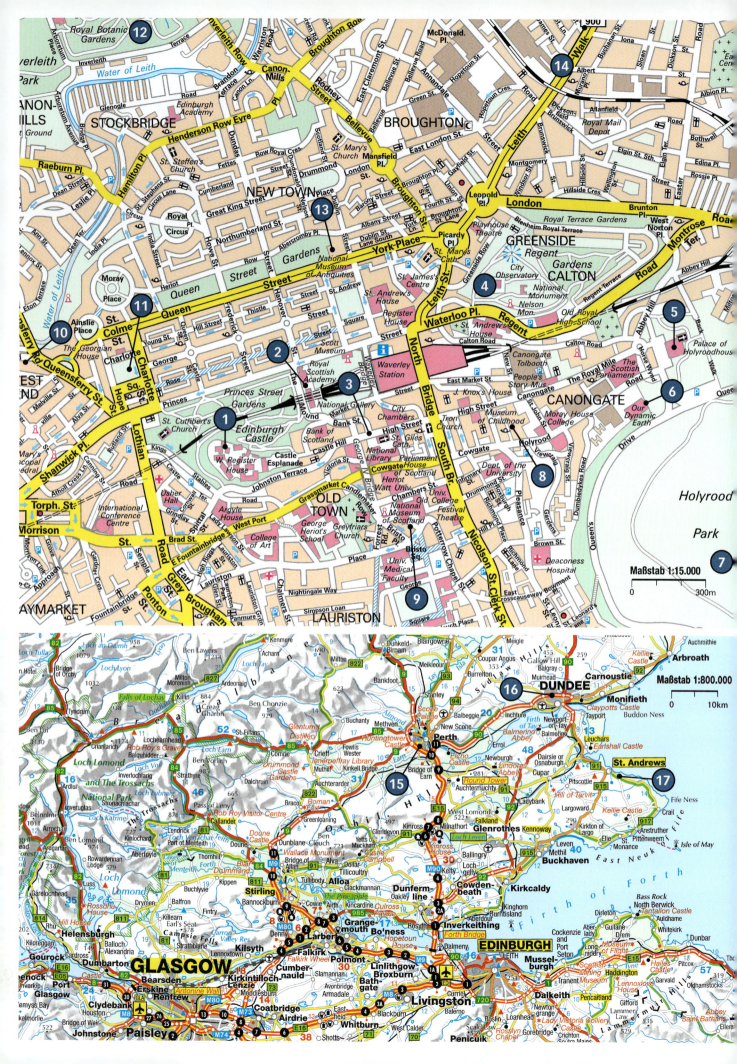

INFOS & EMPFEHLUNGEN   EDINBURGH UND UMGEBUNG
                                                   52 – 53

Charmante Hauptstadt

In Edinburgh ist alles möglich: das größte Kulturspektakel, schick shoppen oder ein Bummel über die schönste Parademeile Schottlands, die Schloss und Regierungssitz verbindet. Kommen Sie, bevor im Sommer die Festival-Fans die Straßen verstopfen – nirgendwo lässt es sich besser träumen, schlemmen, feiern.

● Allgemein

Laut Legende bauten die Pikten bereits zu Römerzeiten eine erste Felsenfestung, Robert the Bruce verlieh Edinburgh Stadtrechte, 1482 wurde es schottische Hauptstadt. Das 18./19. Jh. gilt als goldenes Zeitalter der schottischen Aufklärung. 1996 kam die Ernennung zur UNESCO-Welterbestätte. 1999 kehrte das schottische Parlament nach 300 Jahren in die Hauptstadt zurück. Seit jeher ist Edinburgh ein wichtiger Handelsplatz und Verkehrsknotenpunkt. Wirtschaftlich prägen die Stadt (493 000 Einw.) heute Finanzdienstleistungen, wissenschaftliche Forschungs- und Bildungseinrichtungen (Universität seit 1583) sowie Tourismus.

INFORMATION
Edinburgh iCentre, 3 Princes Street, Edinburgh EH2 2QP, Tel. 0131 473 38 68, www.visitscotland.com

● Sehenswert

OLD TOWN
Perfekter Startpunkt für einen Stadtrundgang ist ❶ **Edinburgh Castle** (ab 12. Jh. mehrfach umgestaltet). Im Royal Palace (15. und 17. Jh.) werden die Kronjuwelen und der „Stone of Destiny" aufbewahrt, Schottlands Krönungsstein (www.edinburghcastle.gov.uk; April–Sept. tgl. 9.30–18.00, sonst tgl. 9.30–17.00 Uhr). Burg und Holyrood Palace verbinden die 1,8 km lange ❸ **Royal Mile** TOPZIEL: Ihren Anfang

Tipp

Geisterstunde

Mit unheimlichen Stories über Gespenster, Hexen und Folter spicken kostümierte Gruselgeschichtenerzähler ihre Touren durch enge Gassen, Hinterhöfe und Gewölbe von „Auld Reekie" – spannend und schön schaurig.

INFORMATIONEN
www.auldreekietours.com,
www.mercattours.com,
www.witcherytours.com

machen **Outlook Tower** mit **Camera Obscura** (Castlehill, www.camera-obscura.co.uk; Kernzeit tgl. 10.00–18.00 Uhr, im Sommer länger) und **Scotch Whisky Experience** (www.scotchwhiskyexperience.co.uk; Führungen tgl. 10.00 bis 17.00/18.00 Uhr). **Gladstone's Land** vermittelt den Alltag eines Kaufmanns um 1620 in einem 500-jährigen Haus (Lawnmarket, www.nts.org.uk), das **Writer's Museum** vereint Sir Walter Scott, Robert Burns und Robert L. Stevenson (Lawnmarket, www.edinburghmuseums.org.uk; Do.–Sa. 10.00–17.00, So. 12.00–17.00 Uhr). **Deacon Brodie's Tavern** (Lawnmarket, www.nicholsonspubs.co.uk) erinnert an ein Doppelleben, das als „Dr. Jekyll & Mr. Hyde" zu Weltliteratur wurde. In der gotischen **St. Giles Cathedral** (14. und 15. Jh.) predigte John Knox, der Gründer der presbyterianischen Church of Scotland; filigrane Schnitzereien schmücken die Distelkapelle (1911) für den ältesten schottischen Ritterorden. Neben dem **John Knox House** (um 1470; Mo.–Sa. 10.00–18.00 Uhr), in dem der Reformator (1513–1572) vermutlich starb, feiert das **Scottish Storytelling Centre** (High Street, www.tracscotland.org) die Tradition des Geschichtenerzählens. Rathaus sind seit 1811 die urspr. Börsenräume der **City Chambers** (um 1760).

Am Ende der Royal Mile überrascht ein Kontrast: Im ❺ **Palace of Holyroodhouse** (16. und 17. Jh.) regierte Maria Stuart sechs Jahre als Königin der Schotten, hielt Bonnie Prince Charlie 1745 für kurze Zeit Hof. Königin Viktoria machte den Renaissancepalast zur offiziellen Residenz der Royals. Gegenüber konnte 2004 das **Scottish Parliament Building** nach Entwürfen von Enric Miralles eröffnen, als Wahrzeichen der Demokratie (www.royalcollection.org.uk, www.parliament.scot; beide Sommer tgl. 9.30–18.00, Winter tgl. 9.30–16.30 Uhr).

NEW TOWN
Regierungschefin Nicola Sturgeon residiert im Bute House (Nr. 6) am ⓫ **Charlotte Square**, den Robert Adam als elegantesten Platz für die georgianische New Town entwarf. Wie das Großbürgertum Ende des 18. Jh. wohnte, zeigt das 1796 errichtete **Georgian House** (Charlotte Square, www.nts.org.uk; Ende März–Okt. tgl. 10.00–17.00 Uhr, März, Nov. und Dez. kürzer).

Erinnerung an eine rührende Hundegeschichte: Denkmal für Greyfriars Bobby vor dem Greyfriars Kirkyard (links). Palace of Holyroodhouse (rechts oben). One o'Clock Gun oben auf Edinburgh Castle (rechts unten)

INFOS & EMPFEHLUNGEN

Tipp

Tweed, Macarons und Malt

So bunt wie die Fassaden der Victoria Street ist auch das Angebot. **La Barantine** (89 West Bow, www.labarantine.com) macht die besten Macarons, **Mellis** (30a Victoria Street, www.mellisc019se.net) verkauft feine Käsesorten, der **Whisky Shop** (28 Victoria Street, www.whiskyshop.com) erlesene Single Malts. Bei **Walker Slater** (Grassmarket, www.walkerslater.com) finden Ladies und Gentlemen maßgeschneiderten Tweed. Und nach dem Einkaufsbummel? Im **Grain Store** (30 Victoria Street, www.grainstore-restaurant.co.uk) harmoniert phantasievolle Küche mit alten Steinmauern und wuchtigen Balkendecken.

SONSTIGES

Nordw. der New Town schlängelt sich der Leith durch die Dorfidyllen von Stockbridge und Dean Village. Das größte Palmenhaus Großbritanniens besitzt der ⑫ **Royal Botanic Gardens** (Inverleith Row, www.rbge.org.uk; März–Sept. tgl. 10.00–18.00 Uhr, sonst kürzer). Highlight im Edinburgh Zoo sind die Riesenpandas (Corstorphine Road, www.edinburghzoo.org.uk; April–Sept. tgl. 9.00–18.00, sonst kürzer).
Großartige Aussichten über die Stadt gewähren der ⑦ **Arthur's Seat** (251 m) im Holyrood Park und der ④ **Calton Hill** (100 m) mit dem unvollendeten National Monument.

Museen

Pflicht ist das ⑨ **National Museum of Scotland** mit Panoramablick vom Turmrestaurant (Chambers Street, www.nms.ac.uk; tgl. 10.00 bis 17.00 Uhr). Die **National Galleries of Scotland** bedienen jeden Kunstgeschmack: An den Princes Street Gardens zeigt die klassizistische ② **Scottish National Gallery** (The Mound) Werke von Rubens bis Cézanne, die angeschlossene Royal Scottish Academy präsentiert Sonderausstellungen. Highlight der ⑬ **Scottish National Portrait Gallery** (Queen Street) ist William Holes Fries berühmter Schotten. Der Gallery Bus pendelt zu den beiden ⑩ **Scottish Galleries for Modern Art** (Belford Road) – die Modern Art Two widmet einen Saal dem Edinburgher Pop-Art-Künstler Eduardo Paolozzi (www.nationalgalleries.org; alle tgl. 10.00–17.00, Do. 10.00–19.00 Uhr). Dramatische Spezialeffekte schicken Besucher von ⑥ **Our Dynamic Earth** auf eine Zeitreise (Holyrood Road, www.dynamicearth.co.uk; April–Okt. tgl. 10.00–17.30 Uhr, sonst kürzer). Das ⑧ **Museum of Childhood** begeistert mit Spielzeug aus aller Welt (42 High Street), das Museum of Edinburgh (142 Canongate) dokumentiert die Stadtgeschichte (www.edinburghmuseums.org.uk; beide Mo., Do., Fr. und Sa. 10.00–17.00, So 12.00–17.00 Uhr).
Die 1953 bei Glasgow gebaute ⑭ **Royal Yacht Britannia** liegt als Museumsschiff in Leith; erstaunlich schlicht ist die Kabine der Queen (nördl. außerhalb des Cityplans, Ocean Terminal, www.royalyachtbritannia.co.uk; April–Sept. tgl. 9.30–16.30 Uhr, sonst kürzer).
Weitere Museen auf der Internetseite www.edinburghmuseums.org.uk.

Hotels & Restaurants

HOTELS

Zentraler Fixpunkt ist seit über 100 Jahren die Turmuhr von €€€€ **The Balmoral** mit viel Marmor, Sterneküche und der wunderschönen Brasserie **Hadrian's** (1 Princes Street, Edinburgh EH2 2EQ, Tel. 0131 556 24 14, www.roccofortehotels.com). Entspannung mit spektakulärem Blick verspricht der Infinitypool des One Spa auf dem Dach des €€€€ **Sheraton Grand Hotel** (1 Festival Square, Edinburgh EH3 9SR, Tel. 0131 229 91 31, www.sheratonedinburgh.co.uk). Stylisch logieren lässt sich hinter historischer Fassade im €€€ **The Glasshouse** (s. S. 20). Zwischen Pubs und kleinen Restaurants punktet das €€€ **Apex Grassmarket** (35 Grassmarket, Edinburgh EH1 2HS, Tel. 0131 220 22 99, www.apexhotels.co.uk). Der Autor der „Schatzinsel" verbrachte seine Kindheit im georgianischen €€ **Stevenson House** (17A Heriot Row, Edinburgh EH3 6HP, Tel. 0131 556 18 96, www.stevenson-house.co.uk). „Feeling at Home" garantiert €€/€ **Two Cambridge Street** (s. S. 20). Smartes Budget Design in Türkis liefert das €€/€ **Motel One** (10–15 Princes Street, Edinburgh EH2 2AN, Tel. 0131 550 92 20, www.motel-one.com).

RESTAURANTS

In einem ehem. Zollhaus zaubert Tim Kitchin im €€€€ **The Kitchin** Außergewöhnliches (78 Commercial Quay, Leith, Tel. 0131 555 17 55, www.thekitchin.com). Sein Freund Dominic Jack kocht mit französischer Raffinesse im €€€€ **Castle Terrace** (33/35 Castle Terrace, Tel. 0131 229 12 22, www.castleterracerestaurant.com). Zusammen führen die beiden Sterneköche das €€/€ **Scran & Scallie,** einen angesagten Gastropub im Landhausstil (1 Comely Bank Road, Tel. 0131 332 62 81, www.scranandscallie.com). Schicke Feinschmeckeradresse an der Royal Mile ist €€€ **Angels with Bagpipes** (343 High Street, Tel. 0131 220 11 11, www.angelswithbagpipes.co.uk). Posh und piekfein glänzt die Ex-Bank €€€ **The Dome** mit Kristalllüstern und Riesenkuppel (14 George Street, Tel. 0131 624 86 24, www.thedomeedinburgh.com). Klein, aber sehr fein ist Craig Woods €€ **Wee Restaurant** im lässigen Retrostil (61 Frederick Street, Tel. 0131 225 79 83, www.theweerestaurant.co.uk). Meeresfrüchte kommen im rustikal-relaxten €€/€ **Fishers in the City** auf den Tisch (58 Thistle Street, Tel. 0131 225 51 09, www.fishersrestaurants.co.uk). Ideal für zwei: die Meeresfrüchteplatte im €€ **Ship on the Shore** (24 Shore, Tel. 0131 555 04 09, www.theshipontheshore.co.uk). Mit bunten Törtchen und Cupcakes verführt € **Mimi's Bakehouse** (250 Canongate und 63 The Shore, www.mimisbakehouse.com).

Unterhaltung

PUBS UND FOLKMUSIK

Stimmungsvoller Musikkeller mit Tanzclub und Comedy ist das **Cabaret Voltaire** (38 Blair Street, www.thecabaretvoltaire.com). Mit Cocktails und Livemusik locken die viktorianischen **Voodoo Rooms** (19a West Register Street, www.thevoodoorooms.com). Folkmusik vom Feinsten garantiert ein Abend in **Sandy Bell's** (25 Forrest Road, www.sandybellsedinburgh.co.uk). Kult ist auch das **Royal Oak**

Oxroad Bay bei North Berwick mit Tantallon Castle (links). Kapitänskajüte der „Unicorn" in Dundee (rechts oben). Firth of Forth Bridge bei Edinburgh (rechts unten)

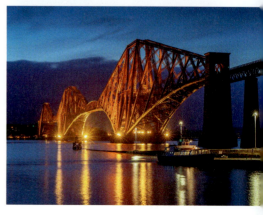

(1 Infirmary Street, www.royal-oak-folk.com). Die unterhaltsame **Edinburgh Literary Pub Tour** steuert Old und New Town an (www.edinburghliterarypubtour.co.uk).

FESTIVALS
Keltische Megaparty ist das **Beltane Fire Festival** auf dem Calton Hill (April). Zehn Tage dauert das **Jazz & Blues Festival** (Juli). Wohl größtes Kulturspektakel der Welt sind das **Edinburgh International Festival & Fringe Festival** mit dem **Military Tattoo** vor der illuminierten Burg (s. S. 65). Einen guten **Überblick** zu allen Events bietet die Internetseite www.edinburghfestivalcity.com.

EINKAUFEN
Kaufhäuser und Toplabels warten an der prominenten **Princes Street,** Institution ist das viktorianische Jenners (Nr. 48). Exklusiver wird es an der **George Street** mit Trendmode und Design made in Scotland von Anta bis Arran Aromatics. Vintage und Ausgefallenes gibt es am **Grassmarket** und in der **Cockburn Street,** Luxusmarken am **St. Andrew's Square.** Tartanshops, Kaschmirläden, Kiltmaker und die besten Whiskyläden säumen die **Royal Mile** (www.royal-mile.com). Regionale Spezialitäten bietet Sa. der **Edinburgh Farmers Market** auf der Castle Terrace.

● Umgebung

Technische Wunderwerke sind nordw. der Hauptstadt die rostrote **Forth Railway Bridge** (1890), die **Forth Road Bridge** (1964) und die neue Schrägseilbrücke **Queensferry Crossing** (www.forth-bridges.co.uk).
Die anschließende Halbinsel Fife ist Heimat von ⓱ **St. Andrews** (www.visit-standrews.com), Wiege des Golfsports und seit 1413 älteste Universitätsstadt Schottlands – hier begann die Liebesgeschichte von Prinz William und Kate. Das Fischerdörfchen **Crail** weiter südw. scheint irgendwie aus der Zeit gefallen, das benachbarte **Anstruther** punktet mit Fischereimuseum und den besten Fish & Chips (44 Shore Street, www.anstrutherfishbar.co.uk). An der Hafenfront von ⓰ **Dundee** (147 000 Einw.; www.dundee.com), die bis 2030 neu gestaltet wird, eröffnet 2018 das V & A Designmuseum (s. S. 47) neben dem Dreimaster „RRS Discovery", mit dem der Polarforscher Robert Falcon Scott ab 1901 den Südpol erforschte. Einen Besuch lohnt auch die Fregatte „Unicorn". Krönung schottischer Burgenromantik ist 20 km weiter nördl. **Glamis Castle** (Urspr. 14. Jh.), seit dem 18. Jh. im Baronialstil mit Türmchen, kostbaren Stilmöbeln und herrlichem Park (www.glamis-castle.co.uk; s. Karte S. 84). Zwei Meilen außerhalb der alten Hauptstadt ⓯ **Perth** (47 000 Einw.; www.perthcity.co.uk) wurden bis zu Bonnie Prince Charlie (1745) auf dem „Stone of Destiny" Schottlands Könige inthronisiert; zu den Schätzen des seit 1808 dort stehenden Scone Palace gehören Elfenbeinschnitzereien und kostbares Porzellan (www.scone-palace.co.uk).

EDINBURGH UND UMGEBUNG
54 – 55

Genießen   Erleben   Erfahren

Pitchen und putten

DuMont Aktiv

Eigentlich spielt hier jeder Golf, schließlich hat Schottland die Sportart erfunden. Laut Legende war es ein Schäfer, der aus Langeweile mit seinem Hirtenstab Kieselsteine in einer Hasengrube versenkte. Schon im Mittelalter befassten sich Adlige und weniger Betuchte ernsthaft mit einem Spiel, zu dem Ball und Stock gehörten. An den Küsten entstanden „Links Courses", gewellte Plätze inmitten von Dünen, die durch stete Winde und wechselhafte Witterung eine echte Herausforderung für jeden Golfer sind. Regelgerecht gespielt wurde erstmals in St. Andrews, nachdem 1744 die ersten Golfregeln aufgestellt worden waren. Sein Royal & Ancient Golf Club ist seit 1897 Hüter dieser Golfregeln, die rund um den Globus gelten.

Um einmal auf dem Old Course in St. Andrews zu spielen, braucht man Geduld und Geld, denn die Wartelisten sind lang, und die Greenfees liegen im dreistelligen Bereich. Aber bei landesweit 550 Golfplätzen gibt es mehr als genug Alternativen und das zu ganz normalen Preisen. Schon ab 15 € dürfen auch Urlauber aufs Green. Selbst das Handicap wird nicht kleinkariert ausgelegt. Golf ist eben Volkssport. Und wer mit einem Bogey oder gar einem Birdie einlocht, gibt am „19. Loch", der Clubbar, gern eine Runde aus.

Die schönsten Abschläge finden Golfer nahe der Hauptstadt auf den Plätzen von St. Andrews, wo außerdem das British Golf Museum von berühmten Meisterschaften und legendären Spielern wie Tom Morris und Tiger Woods erzählt. Golfakademie und drei der besten Meisterschaftsplätze hat Gleneagles.

Die besten Golfhotels rund um Edinburgh

The Old Course Hotel, traumhaftes Golfresort & Spa am 17. Loch des Old Course (Tel. 01334 47 43 71; St. Andrews KY16 9SP, www.oldcoursehotel.co.uk)
Gleneagles, Hotellegende und „Best Golf Resort oft the Wold" (Tel. 01764 66 22 31, Auchterarder PH3 1NF, südw. von Perth, www.gleneagles.com)
Greywalls, bezauberndes Landhaus am Muirfield Course (Tel. 01620 84 21 44, Muirfield EH31 2EG, westl. North Berwick, www.greywalls.co.uk)

Trendcity mit Herz

Sein Image als Industriemoloch und Schmuddelkind hat Schottlands größte Stadt endgültig abgelegt. Glasgow präsentiert sich heute hip, cool und dynamisch, als Shoppingparadies und Spielwiese der Kreativen, Trendsetter und Stararchitekten. Vor den Toren der Stadt liegt der schönste See der Schotten, wurde für die Unabhängigkeit gefochten und die Industrielle Revolution eingeläutet.

Zwei Pferdegiganten aus Stahl bewachen die Schleuse bei Falkirk: die „Kelpies". Eigentlich gefährliche Wassergeister in Pferdegestalt, sind hier die starken Treidelpferde gemeint, die einst die Lastkähne den Kanal entlang von Glasgow nach Edinburgh zogen.

Warum Glasgow? Es sind die Menschen, meint der Slogan der Stadt, die ihren Charme ausmachen. „People make Glasgow" – aufgeschlossen, freundlich und humorvoll, nonkonform, direkt und redselig in einem Dialekt, der so sympathisch wie gewöhnungsbedürftig ist. Mit elitärem Gehabe hat man hier wenig am Hut. Glasgow ist kein elegantes Schmuckstück wie die ewige Erzrivalin Edinburgh. Die Stadt ist rau, hart und kantig wie der Stein und Stahlbeton, aus dem sie gebaut ist. Genau das macht Glasgow so authentisch.

Erfolge, Abstürze und Comebacks

Wieder aufstehen und weitermachen sind Stärken dieser Stadt, die sich immer wieder neu erfinden musste. Die Architektur spiegelt die wechselvolle Geschichte: viktorianische Pracht, sinnlicher Jugendstil, kühne Moderne aus Stahl und Titan. In den City Chambers am George Square lässt eine Orgie aus Marmor und Mahagoni die Blütezeit der Stadt erahnen, als betuchte Kaufleute, Reeder und Fabrikanten Stadtpaläste, Kirchen und Kapellen in Auftrag gaben. Die 1707 proklamierte Union mit England zum Königreich Großbritannien hatte Schottland die Tür zu den Kolonien geöffnet. Die Klipper der Glasgower Tobacco Lords waren im 18. Jahrhundert

Nie habe ich mich besser amüsiert!
Charles Dickens über Glasgow

die schnellsten Schiffe auf der Route nach Virginia und sicherten der aufstrebenden Handelsmetropole den ersten Platz im Tabakgeschäft mit der Neuen Welt – bis der Amerikanische Unabhängigkeitskrieg den Höhenflug beendete. Im 19. Jahrhundert drängten sich am Ufer des Clyde gewaltige Industrie- und Werftanlagen. Drei Viertel aller britischen Dampfschiffe und legendäre Luxustransatlantikliner wie die „Queen Elizabeth 2"

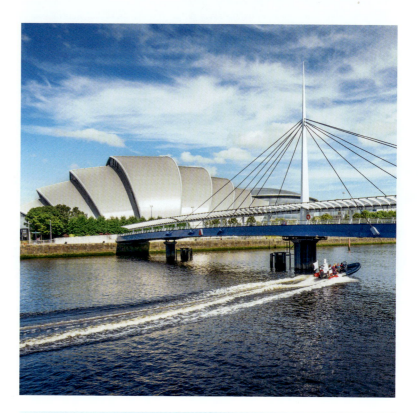

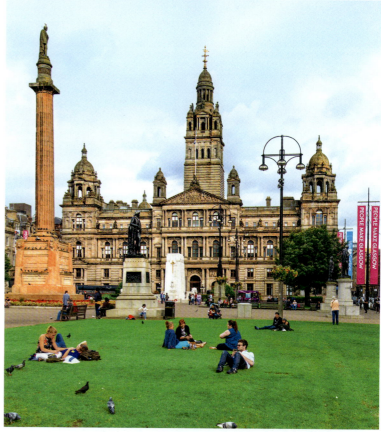

Spielwiese der Stararchitekten: Am Nordufer des Clyde blinkt das stählerne Gürteltier, wie die Glaswegians ihr geschupptes Clyde Auditorium von Sir Norman Foster gern nennen (oben). Entspannte Pause auf dem Grün am George Square – zu Füßen prominenter Schotten wie Sir Walter Scott und direkt vor dem Rathaus im noblen Renaissancestil (unten)

GLASGOW UND UMGEBUNG
58 – 59

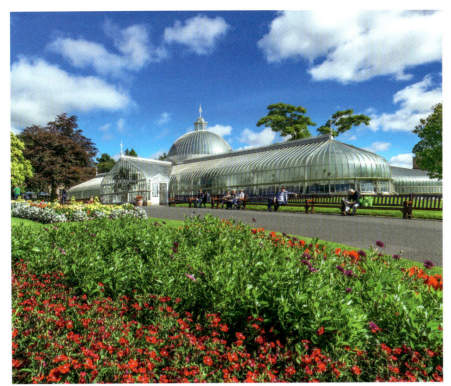

Grünes Herz: Der Botanische Garten im West End von Glasgow ist ein wunderbarer Ort, um unter uralten Bäumen, zwischen farbenfrohen Blumenbeeten oder im Wintergarten des viktorianischen Kibble Palace durchzuatmen und in Ruhe aufzutanken

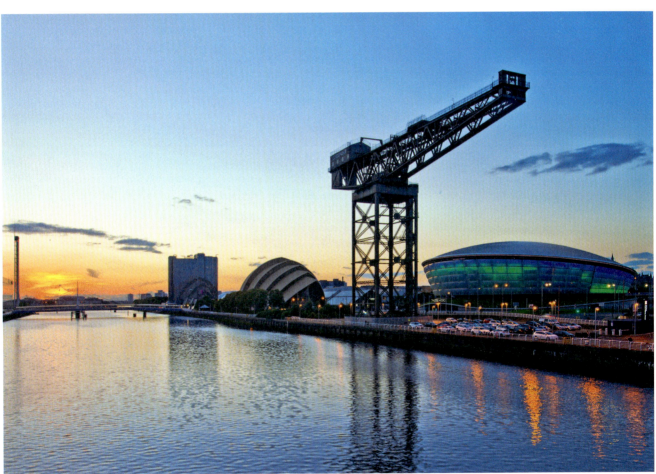

Looking for Entertainment: In den ehemaligen Docks am Clyde ist heute das Scottish Exhibition & Conference Centre mit der Hydro-Arena Gastgeber für Topevents

Sein wie ein Aktienkurs gezacktes Dach verdankt das Riverside Museum Zaha Hadid, die als erste Frau den Pritzker-Preis erhielt – den Nobelpreis der Architektur. Vor dem Verkehrsmuseum liegt die einst für Kap-Hoorn-Passagen gebaute Dreimastbark „Glenlee" vertäut, Symbol für den legendären Schiffbau am Clyde

Lebendige Street-Art, farbenfroh und mit Humor: Der Glasgower Künstler Smug bringt seine fotorealistischen Graffiti freihand mit Sprühfarbe auf die Wand. Sein „Mädchen mit Lupe" scheint geschrumpfte Passanten von der Mitchell Street zu picken

Sandsteinpalast mit Kunst von Weltrang: Die „hängenden Köpfe" von Sophie Cave schweben im Expression Court der Kelvingrove Art Gallery & Museum

Vor der Gallery of Modern Art trägt das Denkmal des Duke of Wellington ein Verkehrshütchen – entfernt es die Polizei, taucht ein neues auf

Trendmode, junges Design oder ein Tweedkostüm? In der Buchanan Street und den Fußgängerzonen von Glasgows Style Mile ist alles zu haben

liefen hier am Clyde vom Stapel. Glasgow war nach London „Second City of the Empire", ein Schmelztiegel aller Nationen, der förmlich explodierte.

Wachsende Konkurrenz aus Billiglohnländern führte nach dem Zweiten Weltkrieg zum Niedergang der Schwerindustrie. Der Schließung von Werften, Stahlwerken und Textilfabriken folgte die große Krise. Glasgow verkam zum Ghetto Großbritanniens, ein düsterer, depressiver Ort mit chronischer Arbeitslosigkeit, tristen Wohnvierteln, Drogen und Gewalt. 30 Jahre später ist Glasgow wieder auf Erfolgskurs, hat die Stadt sich in rasantem Tempo zur Trendmetropole mit lässigem Lifestyle gewandelt. Lediglich Edinburgh und London stehen bei Besuchern des Vereinigten Königreichs höher im Kurs.

Local Hero
Ein dunkelhaariger Dandy mit melancholischem Blick und markantem Schnurrbart – Glasgow ist heute stolzer denn je auf seinen Lieblingssohn, auf Charles Rennie Mackintosh. An der Schwelle zum 20. Jahrhundert lieferte der talentierte Architekt und Designer den bedeutendsten Beitrag der Britischen Inseln zum europäischen Jugendstil. Wie Gaudí in Barcelona und Horta in Brüssel, verlieh der Ausnahmekünstler dem viktorianischen Glasgow eine eigene Note, als er eines seiner schönsten Wahrzeichen schuf: die Glasgow School of Art. Ihre Absolventen sind bis heute sehr gefragt.

Im Mai 2014 wurde das Meisterwerk durch Feuer schwer beschädigt, verbrannte die berühmte Bibliothek, das Herzstück des Jugendstiljuwels. Die Restaurierung ist forensische Kleinstarbeit. Schicht für Schicht wurden die Überreste identifiziert, um einen originalgetreuen Neuaufbau zu ermöglichen, der 2018 fertig werden soll. Wenige Wochen vor dem Brand hatte gegenüber das Reid Building mit neuen Lehrräumen und Mackintosh-Ausstellung eröffnet. Die moderne Ideenschmiede ist ein kompletter Kontrast aus halbtransparenten grünen Glaspaneelen, offenen Fugen und Edelstahl. Hier führen junge Kunststudenten die „Glasgow Style Walking Tour", eine architektonische Zeitreise durch ihre Stadt.

Eine späte Hommage an Mackintosh, der in seiner Heimatstadt zu Lebzeiten weit weniger geschätzt war, ist sein erst Ende der 1990er realisiertes House for an Art Lover. Wie seine Kunstschule spielt das „Haus eines Kunstfreundes" mit fließenden Formen und geometrischen Mustern, strengen Linien und poetischen Details – einfach genial!

Flussansichten
Wo früher Frachtschiffe ihre Ladung löschten, gibt sich Glasgow heute hypermodern. Am Nordufer des Clyde grüßt das stählerne Gürteltier, wie die Glaswegians das geschuppte Clyde Auditorium von Sir Norman Foster gern nennen. Die benachbarte SSE Hydro-Arena ist größter Gastgeber für Sport und Konzerte. Spaß mit Lerneffekt verspricht am Südufer das Science Centre, eine glitzernde Erlebniswelt im Titanpanzer. Daneben verlockt der Glasgow Tower zur 360-Grad-Sicht aus 105 Metern Höhe. Nach dem Himmel greift auch das Riverside Museum von Stararchitektin Zaha Hadid mit einem Riesenzickzack aus Zinkpaneelen. Glasgow ist Museumsland. Keine andere Stadt Schottlands besitzt pro Kopf mehr Museen. Wie überall in Großbritannien ist der Eintritt in öffentliche Museen kostenlos. So erstaunt es nicht, die phantastische Kelvingrove Art Gallery & Museum am Wochenende proppenvoll vorzufinden. Familien und Freunde treffen sich hier, und das seit Kindertagen.

Licht und Schatten
Mit Glasgows Ernennung zur Europäischen Kulturhauptstadt 1990 begannen Kreative, Startups, Galerien und Museen in die ehemaligen Fabriken und Lagerhäuser einzuziehen. Sie belebten und

Am Wochenende geht es an die Seen der Umgebung: Vom Campbell-Clan und starken Frauen zeugt am Loch Awe die romantische Ruine des mittelalterlichen Kilchurn Castle – seinen Bau beaufsichtigte Margret Campbell, während ihr Mann auf Kreuzzug war

Mit Hausmusik an Bord: Schmale, lange Holzboote, liebevoll verziert in bunten Farben, dümpeln am dicht bewachsenen Ufer des Forth & Clyde Canal, der von Glasgow nach Edinburgh führt

Stirling Castle: Wandteppiche erzählen von der „Jagd auf das Einhorn", einer mittelalterlichen Allegorie der Liebe

Schlafgemach der schottischen Königin auf Sterling Castle: In Renaissancegewändern wird von der Geschichte der Burg berichtet

veränderten die Kunstszene in wenigen Jahren so nachhaltig, dass vom „Glasgow Miracle" die Rede war, dem Wunder von Glasgow. Doch während City und West End den Riesensprung in die Zukunft schafften, hat in den Problemvierteln des East End dem einst berüchtigten Arbeitergetto der Gorbals kaum jeder Zweite den Wandel zum Dienstleistungs-Mekka gemeistert. No-Go-Areas wie Calton verzeichnen die höchste Kriminalitätsrate Großbritanniens und die niedrigste Lebenserwartung in Europa. Der „Glasgow-Effekt", wie Experten es nennen, ist die traurige Kehrseite der Boomtown – leider mit wenig Aussicht auf Besserung.

Für Schottlands Unabhängigkeit!
Man muss kein Militärstratege sein, um zu erkennen: Wer auf Stirling Castle residierte, beherrschte das Land. Der mächtige Burgfelsen kontrolliert die Schnittstelle zwischen Lowlands und Highlands. James V. ließ den königlichen Palast im Renaissancestil prunkvoll ausstatten, um die gekrönten Häupter Europas zu beeindrucken und seine zweite Frau, Marie de Guise. Ihre Tochter Maria Stuart wurde hier 1543 mit nur neun Monaten zur „Queen of Scots" gekrönt. In Sichtweite der Burg kämpften zwei Nationalhelden um Schottlands Unabhängigkeit: 1297 besiegte „Braveheart" William Wallace die Engländer an der Stirling Bridge. 1314 errang Robert the Bruce, eine nicht weniger schillernde Persönlichkeit, bei Bannockburn seinen entscheidenden Sieg und etablierte Schottland als Nation – eine spektakuläre 3D-Show versetzt Besucher direkt ins mittelalterliche Schlachtengetümmel.

The bonnie Banks of Loch Lomond
Mit einer jungen Version des alten Volksliedes über den schönsten See der Schotten landete „Runrig" auf Platz 1 in den Charts. Kein Wunder, Loch Lomond war mehr als geeignet für die euphorische Melodik der erfolgreichsten Rockband des Landes. Keine 20 Kilometer trennen Glasgow vom größten See der Britischen Inseln und Trinkwasserreservoir für die schottischen Großstädte. Wie Berliner an den Wannsee, so zieht es Glaswegians „an die schönen Ufer des Loch Lomond".

2003 wurde die „Königin der schottischen Seen" zusammen mit den Trossachs zum ersten Nationalpark des Landes. Dutzende von Inseln bilden im Süddelta ein traumhaftes Labyrinth für Freizeitskipper. Mit dem Wasserbus lässt sich vom Bilderbuchdörfchen Luss aus das ruhigere Ostufer ansteuern, um den Ben Lomond zu besteigen oder ein Stück vom West Highland Way zu erwandern, der hier dem Ufer folgt. Begonnen hatte der Touristenboom im 19. Jahrhundert mit den romantischen Bestsellern von Sir Walter Scott. Seine Leser wollten mit eigenen Augen die Schönheit von Loch Lomond und Loch Katrine bestaunen, wo bis heute das Dampfschiff „Sir Walter Scott" zu Rundfahrten einlädt. Mit „Rob Roy" lieferte Scott auch den passenden schottischen Robin Hood. Den Spuren des Outlaws können Wanderer auf dem Rob Roy Way durch die wildromantischen Schluchten der Trossachs folgen.

Bis heute locken „the bonnie, bonnie Banks of Loch Lomond".

UNSERE FAVORITEN

Feste

Feiern Sie mit!

Das ganze Jahr hindurch ist der Veranstaltungskalender von Schottland prall gefüllt: Folkfestivals, Highland Games und Whiskyproben, Jamsessions, Reiterfeste und das legendäre Military Tattoo, wenn Pipes und Drums nach Edinburgh rufen.

① Glasgow International Jazz Festival

James Taylor Quartet, John McLaughlin, Bryan Carter – fünf Tage im Juni swingt die Stadt, wird Glasgow zum Hotspot des High-Class Mainstream und zeitgenössischen Jazz. Einfallsreich und virtuos musizieren Superstars an der Spitze der Charts zusammen mit Newcomern in Sälen, Kirchen, auf Straßen und Plätzen.

Glasgow International Jazz Festival, www.jazz-fest.co.uk; zweite Junihälfte

② Spirit of Speyside Whisky Festival

Fast die Hälfte aller schottischen Destillen liegt im Speyside. Zu seinem Whisky Festival gehören Brennereibesuche mit Tastings besonderer Fassabfüllungen, Scotch in Kombination mit Schokolade, Whisky Dinner, Kochkurse mit Single Malt und ein zünftiges Ceilidh in der Memorial Hall von Dufftown.

Spirit of Speyside Whisky Festival, www.spiritofspeyside.com, www.maltwhiskytrail.com; Ende April–Anfang Mai

③ Celtic Connections

Schotten tragen nicht nur Röcke, sie rocken auch klangvoll. Musiker wie Amy Macdonald, Corries, Simple Minds, Proclaimers und Franz Ferdinand haben Balladen, Pop und Folk aus dem hohen Norden weithin bekannt gemacht. Aushängeschild der keltischen Musikszene ist das Celtic Connections Festival in Glasgow mit traditionellen Ceilidhs – echt schottischen Events mit Sessions auf der Geige, Gesang und geselligem Tanz.

Celtic Connections, www.celticconnections.com; Anfang Febr.

④ Burns Supper

Überall auf der Welt, wo Schotten wohnen, wird am 25. Januar der Geburtstag des Nationalbarden Robert Burns gefeiert. Wie beim Silvester-Klassiker „Dinner for One" folgen die trinkfreudigen Burns-Nächte jedes Jahr derselben Prozedur: Beim Dinner, zu dem man im Kilt erscheint, wird mit Dudelsackbegleitung ein dampfender Haggis serviert und natürlich das ein oder andere Dram Whisky. Es folgen Toasts auf die anwesenden Gäste, vor allem die „Lassies", Gedichte von und Tribute auf Burns und sein feierliches „Auld Lang Syne".

Burns Supper, www.robertburns.org, www.visitscotland.com

⑤ Up Helly Aa

Man hört die Guizers kommen: Bis zu 1000 Männer mit Hörnerhelm, Streitaxt und Kettenhemd ziehen am letzten Dienstag im Januar bei Fackelschein durch die dunklen Straßen von Lerwick. Beim größten Feuerfestival Europas fallen die Schotten zurück ins Mittelalter. Halb Shetland verkleidet sich zum Up Helly Aa, dem „Ende aller heiligen Zeit". Als Symbol für den Jahresanfang geht ein Drachenboot in Flammen auf. Tausende Besucher wohnen dem wilden Wikinger-Gelage bis in die frühen Morgenstunden bei.

Up Helly Aa, www.uphellyaa.org; letzter Jan.-Di.

UNSERE FAVORITEN
64–65

6 Common Ridings

Die Legende erzählt von 80 Mann aus Selkirk, die 1513 mit James IV. in die blutige Schlacht von Flodden Field ritten. Nur einer kam lebend zurück, mit der erbeuteten Fahne der Engländer. Aber nicht nur die südlichen Nachbarn machten immer wieder Probleme. Abenteuerlichste Geschichten ranken sich um die Common Ridings, die jahrhundertelang die Gemarkungsgrenzen sichern sollten. Heute feiert ein Dutzend Städte der Scottish Borders diese Vergangenheit mit Reitkunst, Festumzügen und Paraden.

Common Ridings, www.returntotheridings.co.uk; Juni–Aug.

7 Braemar Royal Highland Gathering

Alle Royals sind aus dem nahen Balmoral zur Stelle, wenn der Braemar Caber geworfen wird. Schon das Balancieren des 6 m langen und 66 kg schweren Baumstamms erfordert Kraft und Geschicklichkeit. Dann schneller Anlauf, abrupter Stopp und ein korrekter Überschlag des Stamms. Wem das gelingt, ist Beifall sicher. Bei den Hochlandspielen sorgen außerdem Hammerwerfer, Pipe & Drum Bands, Tauziehen, Tänze, Vieh- und Jahrmarkt für kernige Unterhaltung.

Braemar Royal Highland Gathering, www.braemargathering.org; erstes Sept.-Wochenende

8 Wigtown Book Festival

Ende September feiert Schottlands „Nationale Buchstadt" sich und die Literatur mit einem Festival. Zehn Tage dreht sich in der Kleinstadt am Solway Firth alles um Romane und Gedichte, reisen Autoren und Kritiker an, wird über das intellektuelle Leben der Nation diskutiert, gibt es Lesungen, Podiumsdiskussionen und Partys bis nach Mitternacht.

Wigtown Book Festival, www.wigtownbookfestival.com; Ende Sept.

9 Edinburghs Festivals

Drei August-Wochen wird die Hauptstadt zur Bühne, begeistert das weltgrößte Künstlerfestival mit dem unglaublichsten Angebot an Kultur, das man sich vorstellen kann. Höhepunkt ist das Royal Military Tattoo auf der Esplanade vor der beleuchteten Burg, zu dem fast 1000 Dudelsackspieler, Trommler, Sänger und Tänzer antreten. Emotionalster Moment ist der Lone Piper auf der Burgmauer, der zum Gedenken an die Gefallenen spielt, bevor Feuerwerk und Auld Lang Syne den Vorhang schließen.

Edinburgh International Festival, Festival Fringe & Military Tattoo, www.edinburghfestivalcity.com; Aug.

10 Hogmanay

Silvester wird in Schottland mit Leidenschaft gefeiert. Wo immer Sie sich zum Jahresausklang befinden, sind ein warmes Willkommen und beste Stimmung garantiert. Nicht nur die Hauptstadt wird zur Partymeile mit Riesenfeuerwerk, auch der Rest des Landes weiß, wie man richtig die Korken knallen lässt, mit Neujahrskonzerten, Liveshows, Fackelzügen und Feuer-Festivals.

Hogmanay, www.hogmanay.net, www.edinburghshogmanay.org; Silvester

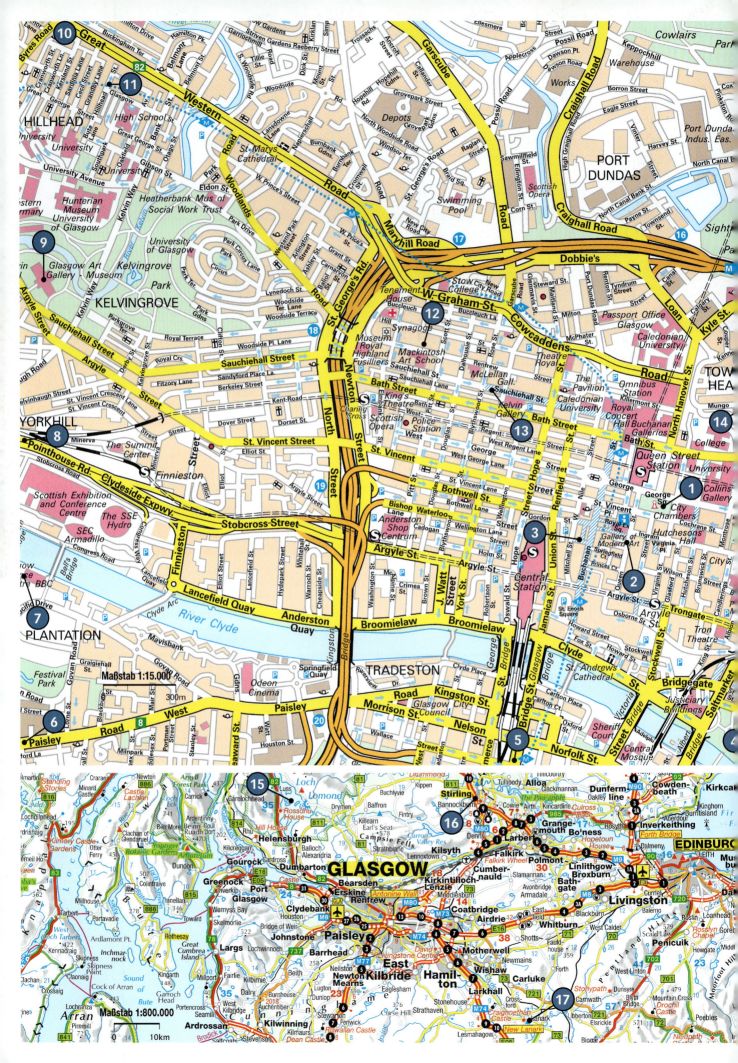

INFOS & EMPFEHLUNGEN
GLASGOW UND UMGEBUNG
66 – 67

Stadt im Aufwind

Glasgow garantiert Vielseitigkeit – von atemberaubender Architektur und eindrucksvollen Museen über Schottlands beste Shoppingmeilen bis zur spannenden Musikszene, Fußballdramen und angesagten Pubs und Restaurants. Ein Wochenendbesuch wird kaum für alles reichen, aber es wäre ein Anfang …

● Allgemein

Der „geliebte, grüne Ort" entstand im 6. Jh. um eine vom hl. Mungo gegründete Kirche. 1451 öffnete die Universität ihre Pforten. Blütezeiten erlebte die größte Stadt Schottlands (600 000 Einw.) ab dem 17. Jh. durch Überseehandel, Industrialisierung und Schiffbau. Weltbedeutende Reedereien hatten am Clyde ihren Sitz. Nach verheerendem Niedergang ab den 1960er-Jahren schafften Kunst und Kultur seit den 1990ern die Wende. Die City wurde zum Einkaufsmekka, das Clydeufer zur Chance, architektonisch Neues zu wagen. 1990 war Glasgow Europäische Kulturhauptstadt, 1999 Britische Architektur- und Designstadt, 2014 Gastgeber der Commonwealth Games. 2018

Tipp
Glasgow Graffiti

Um Central Station überrascht Glasgow mit junger Street Art, die der City Centre Mural Trail verbindet. Liebling, ich habe die Passanten geschrumpft! In Smugs Riesengraffiti „Mädchen mit Lupe" scheint es, als würde sie winzige Menschen von der Mitchell Street picken. Am Ende der Straße feiert „Die Windkraft" von Art Pistol und Rogueone Schottlands erneuerbare Energien. Von Smug stammen auch zwei Graffiti in der Argyle Street und die „Fünf Gesichter" an den Brückenpfeilern der Caledonian Railway Bridge. Sein jüngstes Werk hat er 2016 dem Schutzpatron Glasgows gewidmet: Eine ganze Hauswand an der High Street zitiert die Legende von St. Mungos wundersamer Wiedererweckung eines Rotkehlchens (www.glasgow.gov.uk).

Die Ashton Lane ist eine der bekannten Ausgehmeilen Glasgows: „The Ubiquitous Chip" (links). In der Glasgow Cathedral (rechts)

werden in Glasgow und in Berlin erstmals die European Championships mit sieben Topsportarten von Triathlon bis Golf stattfinden.

INFORMATION
Glasgow iCentre, Royal Exchange Square, Glasgow G1 3AH, Tel. 141 204 44 00, www.visitscotland.com, www.peoplemakeglasgow.com und www.glasgowlife.org.uk

● Sehenswert

SEHENSWÜRDIGKEITEN UND MUSEEN
Herzstück ist der ❶ **George Square** mit den **City Chambers** im Renaissancestil, seit 1888 Rathaus (Mo.–Fr. 9.00–16.30, Führungen 10.30 und 14.30 Uhr). Gegenüber der gotischen ⓮ **Glasgow Cathedral** (15. Jh.; www.glasgowcathedral.org.uk; April–Sept. Mo.–Sa. 9.30 bis 17.30, So. 13.00–17.00 Uhr, sonst kürzer) mit dem Grab des hl. Mungo widmet sich das **St. Mungo Museum of Religious Life & Art** den Weltreligionen (östl. außerhalb des Cityplans, 2 Castle Street; Di.–Do., Sa. 10.00–17.00, Fr., So. 11.00–17.00 Uhr).
Betuchte Reeder engagierten sich gern als Mäzene, allen voran Sir William Burrell, der zu Beginn des 20. Jh. Kunst aller Epochen sammelte; während das Museum im Pollok Park renoviert wird, ist seine berühmte ❺ **The Burrell Collection** auf Welttournee (südl. außerhalb des Cityplans, 2060 Pollokshaws Road; Wiedereröffnung 2020). Der 1901 erbaute Sandsteinpalast der ❾ **Kelvingrove Art Gallery & Museum** TOPZIEL verspricht Kunst von Weltrang: Dalís „Christ of St. John of the Cross", Porträts von Raeburn und Ramsay, Arbeiten von Mackintosh und den „Glasgow Boys", aber auch Sammlungen zur Natur und Seefahrt am Clyde (Argyle Street; tgl. 10.00/11.00–17.00 Uhr; Claire McLeod führt Gäste nach 17.00 Uhr allein durchs Museum, www.intermezzo-arts.co.uk). Provokant, mitunter schräg, aber immer einen Besuch wert sind die zeitgenössischen Ausstellungen in der ❷ **Gallery of Modern Art** – vor dem Portikus des klassizistischen Baus (1778) grüßt seit 1844 das Reiterstandbild des Duke of Wellington, meist mit einem Verkehrskegel als Hut (Royal Exchange Square; tgl. 10.00–17.00 Uhr). Der ❹ **People's Palace** erzählt von Industrie, Frauenbewegung und Sport (Glasgow Green; Di.–So. 10.00/11.00–17.00 Uhr). Verblüffende Experimente für Kinder bietet das ❼ **Science Centre** (50 Pacific Quay, Mi.–So. 10.00–17.00 Uhr). Vor Zaha Hadids ❽ **Riverside Museum** für Verkehrsgeschichte (westl. außerhalb des Cityplans, 100 Pointhouse Place; tgl. 10.00/11.00–17.00 Uhr) liegt die 1896 in Glasgow

INFOS & EMPFEHLUNGEN

gebaute Dreimastbark „Glenlee" vertäut (Febr. bis Okt. tgl. 10.00–17.00 Uhr, sonst kürzer). Ruhe tanken lässt sich tgl. ab 7.00 Uhr in den ❿ **Botanic Gardens** (730 Great Western Road, www.glasgowbotanicgardens.com; Gewächshäuser tgl. 10.00–18.00 Uhr, im Winter kürzer).

JUGENDSTIL
Einen Überblick über das Werk Charles Rennie Mackintoshs (1868–1928) bietet www.glasgowmackintosh.com (2-std. Touren auf den Spuren von Mackintosh auf www.gsa.ac.uk). Die umfangreichste Sammlung zu Mackintosh besitzt die Kelvingrove Art Gallery & Museum (s. dort).

„The Willow Tea Room" in der Buchanan Street (links). The Hill House: Kamin im Salon mit einem Gemälde von Margaret MacDonald (rechts).

Tipp

Zeitreise nach Utopia

„Welcome!", begrüßt der Geist von Annie McLeod die Besucher in New Lanark. Auf einer Multimediareise erzählt das „Mill Girl" vom Alltag anno 1820 in der einst größten Baumwollspinnerei Schottlands. Industriepionier David Dale hatte 1786 die mehrstöckige Baumwollfabrik gegründet, die keine 40 km südöstl. von Glasgow die Wasserkraft des Clyde nutzte. Zeitweise lebten und arbeiteten hier bis zu 2500 Menschen. Dales Schwiegersohn, der Sozialreformer Robert Owen, sorgte für seinerzeit fortschrittliche Wohnhäuser und Gesundheitsvorsorge, führte freiwillig überdurchschnittliche Löhne und kürzere Arbeitszeiten als gewöhnlich ein. Als erster Unternehmer in Großbritannien verschaffte er den Kindern Schulunterricht auf Firmenkosten. Und zum größten Erstaunen seiner Konkurrenten war das sozialistische Utopia wirtschaftlich erfolgreich. Die Produktion von Garn, Textilien und Seilen wurde erst 1968 eingestellt. 1983 begann die sorgsame Restaurierung von Owens Vision einer besseren Welt. Heute bietet New Lanark als UNESCO-Welterbestätte Einblicke in längst vergangene Zeiten.

INFORMATIONEN
⓱ Weltkulturerbe New Lanark, www.newlanark.org; Visitor Centre April bis Okt. tgl. 10.00–17.00, sonst tgl. 10.00 bis 16.00 Uhr

Über Nacht berühmt wurde der Jugendstilarchitekt, -designer und -künstler 1896 durch seine ⑫ **Glasgow School of Art TOPZIEL**. Das Schlüsselwerk der Moderne (1897–1909) setzte mit dekorativen Ornamenten und neuartigen Proportionen harmonische Kontraste (164 Renfrew Street, www.gsa.ac.uk; tgl. 10.00 bis 16.30 Uhr). Entwürfe und Möbel des Künstlers stellt das gegenüber gelegene **Window of Mackintosh** im 2014 errichteten Reid Building vor (164 Renfrew Street; tgl. 10.00–16.30 Uhr). 20 Jahre dauerte die Zusammenarbeit mit Kate Cranston, für die Mackintosh exotische Teesalons entwarf, in denen die viktorianische Geschäftswelt dem puritanischen Zeitgeist stilvoll zu entfliehen suchte; allein ⑬ **Willow Tea Rooms** blieb erhalten, das bis 2018 renoviert wird (217 Sauchiehall Street, nachempfundene Filialen 97 Buchanan Street und 119 Sauchiehall Street; tgl. geöffnet). Das Haus, in dem Mackintosh mit seiner Frau Margret MacDonald wohnte, einer ebenfalls begnadeten Jugendstilkünstlerin, zeigt ⑪ **The Hunterian Art Gallery** (The Mackintosh House, 82 Hillhead Street, www.gla.ac.uk; Di. bis Sa. 10.00–17.00, So. 11.00–16.00 Uhr). Ein Muss für Jugendstilbegeisterte sind auch das 1901 in Darmstadt preisgekrönte, aber erst 1996 vollendete ❻ **House for an Art Lover** im Bellahouston Park (westl. außerhalb des Cityplans, 10 Dumbreck Road, www.houseforanartlover.co.uk; wechselnde Zeiten), das Designmuseum ❸ **The Lighthouse** mit „Mack" Centre und Panoramablick (11 Mitchell Lane, www.thelighthouse.co.uk; Mo.–Sa. 10.30 bis 17.00, So. 12.00–17.00 Uhr) und die elegante **The Hill House**, 1903 im Auftrag des Verlegers Walter Blackie in Helensburgh entstanden (30 km westl. außerhalb des Cityplans, Upper Colquhoun Street, www.nts.org.uk; April–Okt. tgl. 11.30–17.00 Uhr).

● Hotels & Restaurants

HOTELS
Für stilvolle Atmosphäre und beste schottische Küche steht das €€€€/€€€ **One Devonshire Gardens Hotel du Vin & Bistro** (s. S. 20). Romantiker lieben die Mackintosh Suite im B & B €€ **15Glasgow** (15 Woodside Place, Glasgow G3 7QL, Tel. 0141 332 12 63, www.15glasgow.com).

RESTAURANTS
Hummer, Lachs und Seebrasse sind im €€€/€€ **Gamba** perfekt (225a West George Street, Tel. 0141 572 08 99, www.gamba.co.uk). Institution im West End ist €€ **The Ubiquitous Chip**; vor über 40 Jahren begann Ronnie Clydesdale hier die schottische Küche „ohne die allgegenwärtigen Pommes" wiederzubeleben (12 Ashton Lane, Tel. 0141 334 50 07, www.ubiquitouschip.co.uk).

● Unterhaltung

FUSSBALL
Fußball ist in Glasgow Glaubenssache. Herausragende Vereine und erbitterte Rivalen sind Celtic Glasgow und Glasgow Rangers – „The Old Firm" genannt. Katholische Bürger jubeln seit über 100 Jahren für den grün-weißen Celtic Club, Protestanten für die Glasgow Rangers im blau-weiß-roten Trickot (www.celticfc.net, www.rangers.co.uk). Prominenter Fan der Rangers ist Shootingstar Amy Macdonald; die Singer-Songwriterin singt bei Länderspielen schon mal die inoffizielle Nationalhymne „The Flower of Scotland".

MUSIK
Botschafter der lebendigen Musikszene sind auch Filmkomponist Craig Armstrong, Allroundtalent Billy Connolly und die Bands Glasvegas (Alternativ Rock), Travis (Rock) und Franz Ferdinand (Indie-Rock). Informationen zu den verschiedensten Musikveranstaltungen bietet die Internetseite www.glasgowcityofmusic.com.

EINKAUFEN
Shop til you drop! **Glasgows Style Mile** (www.peoplemakeglasgow.com) steht für das ultimative Einkaufserlebnis: In den Fußgängerzonen von **Buchanan, Sauchiehall** und **Argyle Street, St. Enoch Centre** und **Princes Square** (nördl. und östl. Central Station) gibt es junge Trendmode und Topdesigner, Juweliere, edle Düfte und das richtige Hochland-Outfit. Der **Royal Exchange Square** punktet mit günstiger Designermode, das West End (westl.

außerhalb des Cityplans) mit Kunstgalerien, Hipster Style und Vintageläden.
Auf dem **Barras-Flohmarkt** hängen Fußballtrikots neben Kitsch und Trödel, wird alles verkauft, was die Welt nicht braucht, und das seit über 100 Jahren (Barras Market, www.theglasgowbarras.com; Sa. und So. 10.00 bis 17.00 Uhr).

VERANSTALTUNGEN

Highlights setzen unterm Jahr **Celtic Connections** (Jan., s. S. 64), das **Comedy Festival** (März), das **Jazz Festival** (Juni; s. S. 64) und als größtes Straßenfest das **West End Festival** (Juni; www.westendfestival.co.uk). Dudelsackfreunde treffen sich beim **Piping live!** (Aug.; www.pipinglive.co.uk) oder den **World Pipe Band Championships** (Okt.; www.theworlds.co.uk). Silvester wird der George Square zur **Hogmanay**-Partymeile.

AUSGEHEN

Das **Oran Mor** in einer ehemaligen Kirche ist Brasserie, Whiskybar, Nachtclub und Bühne – mittags begeistert „A Play, a Pie and a Pint" (Byres Road, Tel. 0141 357 62 00, www.oranmor.co.uk). Am **Clutha** mit Folk, Rock, Funk & Soul erinnern Graffiti an legendäre Gäste des Clubs wie Frank Zappa, Gerry Rafferty und Billy Connolly (gute Steinofenpizza; 169 Stockwell Street, Tel. 0141 552 75 20, www.theclutha.com).

● Umgebung

Der 1865 km² große ⑮ **Loch Lomond & The Trossachs National Park TOPZIEL** ist ein Wanderparadies und wegen seiner Forellen, Lachse und Felchen auch beliebtes Anglerrevier (www.lochlomond-trossachs.org; Wasserbus, Wander- und Radwege). €€€€/€€€ **Cameron House** am Südende verspricht eine phantastische Küche von einfachen Fischgerichten im Boat House bis zum michelinbesternten Lokal von Martin Wishart (Meisterschaftsgolfplatz, Spa, Segeln u. v. m; Loch Lomond G83 8QZ, Tel. 01389 75 55 65, www.cameronhouse.co.uk). Der Raddampfer „Sir Walter Scott" fährt über den Loch Katrine, dessen Ufer sich gut per Rad erkunden lassen (Leihräder am Trossachs Pier, www.katrinewheelz.co.uk; Bootsrundfahrten April–Okt., www.lochkatrine.com).
Zur 700-Jahr-Feier 2014 erhielt ⑯ **Bannockburn** eine neue Ausstellung zum schottischen Unabhängigkeitskampf mit multimedialer Show und interaktivem Spiel der Schlacht (www.battleofbannockburn.com; März–Okt. tgl. 10.00 bis 17.30 Uhr, sonst kürzer).
Im Audienzsaal des Renaissancepalastes auf ⑯ **Stirling Castle TOPZIEL** empfangen Wächter in historischen Kostümen, um Besuchern die farbenfrohen Stirling Heads an der Kassettendecke zu erklären. Die berühmten Eichenmedaillons schottischer Monarchen und antiker Heroen sind ebenso Repliken, wie die in Originaltechnik nachgewebten Wandteppiche von der Jagd und dem Mythos um das schottische Einhorn (www.stirlingcastle.gov.uk; April–Sept. tgl. 9.30–18.00 Uhr, sonst kürzer).

GLASGOW UND UMGEBUNG
68 – 69

Genießen   Erleben   Erfahren

Willkommen an Bord!

DuMont Aktiv

Musterbeispiel für ein gelungenes Revival ist der 110 km lange Schiffskanal zwischen Glasgow und Edinburgh. Seit 1790 diente er als Transportweg für Baumaterial und Kohle Richtung Hauptstadt, bevor er unrentabel wurde und verfiel. 35 Jahre nach Schließung konnte der Wasserweg zur Jahrtausendwende für Freizeitskipper neu eröffnen. Wer hier ein Hausboot mietet, schleust sich in die Entschleunigung. Geruhsam zieht die Landschaft vorbei, ohne jede Hektik.

Auf halber Strecke verbindet das Falkirk Wheel, das erste und weltweit einzige rotierende Schiffshebewerk, den Forth & Clyde Canal mit dem 24 m höher gelegenen Union Canal. Wie ein Riesenrad hebt er in zwei rotierenden Gondeln bis zu acht Schiffe in nur 15 Minuten von einem Kanal in den anderen. Früher mussten Kapitäne einen halben Tag einplanen, um über elf Schleusen den Kanal zu wechseln. An die Zugpferde, mit denen die Boote einst getreidelt wurden, erinnern zwei stählerne Pferdeköpfe von Andy Scott: 30 m ragen die „Kelpies" am Kanalufer in den Himmel.

Für ein Hausboot braucht man weder Führerschein noch Fahrpraxis. Eine kurze Einweisung des Vermieters genügt, und schon kann's losgehen. Im Sommer wird außerdem gefeiert: Am Union Canal findet im Juni, am Forth & Clyde Canal Mitte August ein Kanalfest statt.

Hausboote und Rundfahrten

Wo und wie man Hausboote chartern kann, erklärt die Homepage von **Scottish Canals** samt Kanalkarten mit Schleusen, Häfen, Restaurants, Shops, Highlights und Events am Kanalufer (www.scottishcanals.co.uk).

Falkirk Wheel: 50-Min.-Bootsfahrt im 2002 aus überwiegend touristischen und wassersportlichen Gründen eröffneten Schiffshebewerk hoch zum Union Canal und retour zum Besucherzentrum (www.falkirk-wheel.com).

Wohnen mit Ausblick aufs Wasser: Hausboote am Linlithgow Canal Centre

DIE HIGHLANDS
70 – 71

Schottische Symphonie

Windumtost und wolkenverhangen sind die Highlands vielleicht nicht jedermanns Darling. Aber wenn die Sonne durchbricht, malt die Natur im Norden Schottlands die schönsten Bilder: raues Bergland, stille Seen und wilde Hochmoore, unendliche Ruhe und alle Weite der Welt. Die Einsamkeit ist allerdings nicht naturgegeben, sondern ein Erbe der Highland Clearances, als die Landbevölkerung im 19. Jahrhundert zugunsten der Schafzucht aus dem Hochland vertrieben wurde.

Bereit für den höchsten Berg? Beim Aufstieg auf den Ben Nevis begleiten den Wanderer blau-graue Gipfel bis zum Horizont

Am Ufer von Loch Shiel erinnert das Glenfinnan Monument an Bonnie Prince Charlie, der hier im August 1745 sein Banner hisste und die Hochland-Clans im Kampf gegen die Engländer vereinte – der Beginn des erfolglosen Jakobiten-Aufstands für Schottlands Unabhängigkeit, der in Culloden sein blutiges Ende fand

Paradies für Fliegenfischer: Die glasklaren Hochlandflüsse wie der Leven sind Heimat von Bachforellen, die zehn Pfund und mehr auf die Waage bringen können (Mitte links). Exotik für beide Seiten: Besucher aus aller Welt lassen sich im dramatischen Tal Glencoe gern mit einem Dudelsackspieler ablichten (Mitte rechts)

Freudiger Anblick für passionierte Jäger: Rotwild in dieser Entfernung ist allerdings selten, und eine gelungene Pirsch wird im deckungsarmen Gelände der Highlands zur Herausforderung

Heide, nackter Fels und eine Handvoll Häuser, die sich weiß gekalkt der Weite entgegenstellen: Wanderer können im wildromantischen Glencoe-Tal in den Blackrock Cottages übernachten

Schottlands Antwort auf Amerikas Route 66 heißt North Coast 500. Aber kein endloser Highway, sondern 500 kurvenreiche Meilen wundervolle Natur, Burgen und Schlösser, hohe Pässe und einsame Strände warten an der Autoroute, die von Inverness aus den gesamten Norden der Highlands umrundet. Zwischen baumlosen Bergen glitzern tiefblaue Lochs, wie die schottischen Seen und Fjorde heißen. Auf ihren Inseln wachsen knorrige Kiefern. Am Ufer zerfallen zwischen gelbem Ginster vereinzelte Bauernkaten aus rohem Feldstein, grasen genügsame Schafe und zottelige Hochlandrinder. Das ist so umwerfend schön, dass man dauernd anhalten muss. Loch Torridon, Loch Maree, Loch Broom oder Loch Assynt – immer wieder eine allerbeste Aussicht. Auch der Himmel scheint in den Highlands höher als zu Hause. Die Sonne steht flacher und taucht die Landschaften selbst bei Regen in phantastische Farben. Und mit jeder Wolke ändert sich das Licht. Keine Minute gleicht der anderen. North Coast 500 – ganz großes Kino in drei Worten.

Lavendelfarbene Einsamkeit

Steinig und steil geht es bergauf. Letzte Kiefern trotzen dem stetigen Wind. Dann bedecken nur noch Flechten und Moose die kahlen Berge, lässt Heidekraut die Hänge lila leuchten. „Meilen und Meilen lavendelfarbener Einsamkeit", schrieb Virginia Woolf in ihr Tagebuch, als sie 1938 durch das Hochland reiste. Die Abgeschiedenheit und spröde Schönheit begeisterten auch Königin Viktoria und Prinzgemahl Albert. An der Ostseite des Cairn Gorm ließen sie sich Balmoral Castle erbauen, in dem die Royals bis heute den Sommer verbringen.

„Blaue Hügel", wie die Cairngorm Mountains im Gälischen heißen, ist ein bescheidener Name für die dramatische Bergwelt mit fünf der sechs höchsten Gipfel Großbritanniens. Und dem größten Skigebiet Ihrer Majestät mit viel Terrain für Tourengeher, auch wenn der Klimawandel spürbar ist. Dank der Wanderer,

Letzte Sonnenstrahlen setzen dem kahlen Granitkegel des Ben Nevis bei Fort William eine goldene Huabe auf

> Es war eine der schönsten Reisen in meinem Leben, jedenfalls die poetischste. Ich habe nie Einsameres durchschritten!
>
> Theodor Fontane in „Jenseit des Tweed"

Mountainbiker, Sportfischer und Kajakfahrer hat der Cairngorm National Park das ganze Jahr Saison. Der größte britische Nationalpark ist Heimat von Schneeammern und Königsadlern, Auerhähnen und Wildkatzen, Rothirschen und der einzigen Rentierherde Großbritanniens.

Der Weg ist das Ziel

Zwischen Fort William und Inverness verbindet eine der schönsten Wasserstraßen Europas den Atlantik mit der Nordsee: Gebaut wurde der Caledonian Canal ab 1803, um Heringsfischern und Handelsschiffen die weite Fahrt um die Nordspitze Schottlands zu ersparen, wo gefährliche Gezeitenströmungen durch den stürmischen Pentland Firth rauschen. Der Kanal nutzt die lang gestreckten Seen im Great Glen, einer geologischen Bruchlinie, die über 100 Kilometer quer durch die Highlands verläuft. Bereits 30 Jahre vor Baubeginn hatte der schottische Erfinder James Watt, dessen Name auf jeder Glühbirne steht, das „Große Tal" im Auftrag von London vermessen. Doch bis zur parlamentarischen Bewilligung vergingen Jahrzehnte, und auch Stariningenieur Thomas Telford brauchte wesentlich länger für das Projekt als geplant. Bei Eröffnung 1822 waren die 29 Schleusen für moderne Schiffe schon zu klein. Nachdem Königin Viktoria den Kaledonischen Kanal im Raddampfer bereiste, gehörte er allerdings schnell zum klassischen Bildungskanon. Heute haben Freizeitkapitäne den panoramareichen Wasserweg zu ihrem Revier erklärt, schippern Hausboote und Ausflugsschiffe geruhsam über die Seen, mit Blick auf den Ben Nevis, den höchsten Berg im Vereinigten Königreich. Größter See ist der dunkle Loch Ness, Heimat von „Nessie". Bereits der hl. Columban soll 565 eine Begegnung mit dem Seeungeheuer gehabt haben. Danach tauchte das geheimnisvolle Fabelwesen erst wieder im Sommer 1933 auf, als das Ehepaar Spicer am Nordufer eine seltsame, sich windende Form die Straße überqueren sah. Seither wollen Hunderte das Phänomen gesichtet haben. Gut 30 Millionen Pfund bringt der liebevoll gepflegte Monstermythos der Region pro Jahr ein. In seinem Wohnwagen am Ufer versucht Steve Feltham seit über 20 Jahren die Bestie zu erspähen, bislang ohne Erfolg. Erklärungen und Theorien zu Nessie gibt es genug. Am besten also die Kamera bereit halten, man kann nie wissen ...

Tal der Tränen

Dramatische Gipfel, enge Passkurven und eine Handvoll weiß getünchter Häuser – Glencoe gilt als das spektakulärste Tal im Hochland. Nicht nur Wanderer und

DIE HIGHLANDS
74 – 75

Traumwanderung, um die Seele baumeln zu lassen: von Fort William durch das weite, grüne Tal Glen Nevis

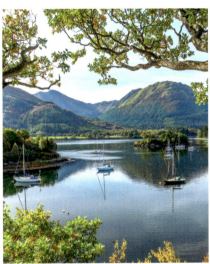

Post, Shop und Infobörse: Begegnung der besonderen Art in Kincraig mitten im Cairngorm National Park (Mitte links). Sanft schaukelnde Segelboote in einer kleinen Bucht des Loch Leven signalisieren Urlaub von Anfang an (Mitte rechts)

Auszeit am Kaledonischen Kanal: je nach Laune durch idyllische Landschaften schippern oder an einer der 29 Schleusen festmachen

Torhüter der Grampian Mountains ist das schneeweiße Blair Castle des Herzogs von Atholl (rechts). Bei den Highland Games dürfen Männer noch die echten Kerle geben wie hier beim Hammerwurf (Mitte links)

Den französischen Garten von Sutherlands Märchenschloss Dunrobin gestaltete der Architekt des Londoner Houses of Parliament, Sir Charles Barry (Mitte rechts). Inbegriff schottischer Burgenromantik und Schauplatz der „Highlander"-Filme ist das fotogene, im Ursprung mittelalterliche Eilean Donan Castle (links)

DIE HIGHLANDS

Zu den Highland Games gehört nach Steinkugeltragen, Tanz und Baumstammwerfen auch immer die Parade der lokalen Pipe Band

Highland Games — Special

Hammerhart

Bei den Highland Games bedient Schottland alle Klischees. Bereits im Mittelalter musste der Nachwuchs bei den „Heavy Events" seine Fähigkeiten beweisen, suchten Clanchefs hier ihre Kuriere und Kämpfer aus.

In rund 100 Orten werden zwischen Mai und September Kiefernstämme geworfen, Steine gewuchtet und Hammer geschleudert – alles natürlich im Kilt und mit dröhnender Dudelsackuntermalung. Tartanberockte Muskelmänner sind die Stars des folkloristischen Spektakels, das kernig, laut und farbenprächtig unterhält. Strenge Kampfrichter in Kilt und Krawatte beurteilen 30 Disziplinen für Männer und Frauen, darunter auch Tauziehen, Schwertertanz und Dudelsackspiel. Seit Queen Victoria kommen die Royals zu jeder Hochlandolympiade nach Braemar, nur einen Hammerwurf von Balmoral weg.

Bergsteiger, auch Filmproduzenten wissen die Traumkulisse zu schätzen. Berüchtigt wurde Glencoe als „Tal der Tränen" durch das Massaker der Campbells an den MacDonalds im Winter 1692. Da Clanchef Alastair MacDonald seinen Treueeid nicht rechtzeitig auf Wilhelm von Oranien leistete, wollte der König ein Exempel statuieren. Er beauftragte die königstreuen Campbells, am Morgen des 13. Februar alle MacDonalds zu töten, nachdem diese sie gerade trotz Vorbehalt bewirtet hatten. Das Schlimmste war für viele Schotten der Missbrauch der Gastfreundschaft. Generationen lernten „Never trust a Campbell". Bedrohlich, einsam, grandios – wie viel Highlander muss man sein, um das auszuhalten?

Hochlandräumung

Überall im Hochland erinnern verwitterte Häuserruinen an das dunkle Kapitel der Highland Clearances. Ihren Anfang nahmen sie mit der Niederlage von Culloden 1746 und der Enteignung der Clans, die sich mit Bonnie Prince Charlie gegen die britische Krone gestellt hatten. Deren Ländereien gingen an Königstreue über, die nun mit Feudalrechten ausgestatteten Lairds. Weil Schafzucht für sie weit profitabler als Verpachtung war, wurden ab Mitte des 18. Jahrhunderts fast zwei Drittel der teilweise seit Generationen ansässigen Pächter und Kleinbauern „umgesiedelt". Ganze Dörfer wurden aufgelöst. Wer nicht freiwillig ging, bekam brachiale Gewalt zu spüren. Die meisten zogen in die Industriegebiete der Großstädte oder emigrierten nach Übersee – in Kanada verdankt eine ganze Provinz dem Räumungsdesaster seine Entstehung: Neuschottland (Nova Scotia).

Arbeitssuche und Abwanderung der jungen Leute haben ihr Übriges getan. Weniger als 20 Prozent der fünf Millionen Schotten leben heute in den Highlands. Aber die Vorzeichen ändern sich. Tourismus, Zukunftstechnologien und erneuerbare Energien sorgen für Jobs. Infrastruktur, Schafzucht und Fischerei haben enorm von Fördergeldern aus Brüssel profitiert. Nachdem Premierministerin Theresa May 2017 einen „harten Brexit" angekündigt hat, fürchten viele den Wegfall der wichtigen EU-Fonds.

Schottlands Boden …

„… soll ein Gut sein, von dem alle profitieren und nicht nur eine kleine Minderheit" versprach Nicola Sturgeon. Schottlands Regierungschefin hatte die heftig umstrittene Landreform kurz vor den Parlamentswahlen im Mai 2016 verabschiedet. Das neue Gesetz, das mehr Land in Bürgerhände geben und so die Abwanderung stoppen soll, ist politischer

Sprengstoff. Denn die ungleiche Verteilung von Grund und Boden ist ein hochemotionales Thema in Schottland. Weniger als 440 Großgrundbesitzern gehört über die Hälfte des privaten Landes. Erst nachdem Schottland 1999 ein eigenes Parlament bekommen hatte, wurde das feudale Bodenrecht abgeschafft. Seit Jahren fordern die Pachtbauern das Recht, ihr Land zu erwerben. Nach dem neuen Gesetz können Kommunen Land auch gegen den Willen der Gutsherren kaufen, falls diese einer nachhaltigen Entwicklung im Wege stehen, etwa für einen Windpark oder ein Gewerbegebiet.

Tradition trifft Moderne
Schlösser, die in Schottland etwas auf sich halten, haben ein Gespenst. So wie Fyvie, Craigievar oder Crathes Castle, die mit ihren Runderkern, Kegeldächern und Ecktürmchen gut zu Harry Potters Zauberschule Hogwarts passen würden. Ein gutes Dutzend wehrhafte Trutzburgen und prunkvolle Adelspaläste erschließt der Castle Trail nordwestlich von Aberdeen, heute Europas Ölmetropole. Sie versorgt die Bohrinseln draußen in der Nordsee. Bis 2030 soll das schwarze Gold weiterfließen, doch sind erneuerbare Energien längst erklärtes Ziel der Politik.

Noch sprudelt das Öl in der Nordsee vor Aberdeen.

Sobald die Sonne scheint, beginnt der Glimmer in Aberdeens Granitgebäuden zu schimmern, weiß man, warum die Boomtown gerne „Silver City" heißt. Aus Granit ist auch das kopfsteingepflasterte historische Univiertel Old Aberdeen. Rund um den neu erstandenen Marischal Square zeigt die City ihr junges Gesicht mit Trendlokalen, Bars und Designerboutiquen. Und an den Villen im Westend signalisieren Firmenschilder von jungen Startups, Wirtschaftsprüfern und Energiekonzernen bereits die künftige Rolle der Stadt.

Tief genug für Hochseeschiffe: der Hafen von Aberdeen (oben). Our Willie als „Braveheart" am Marischal College (Mitte). Pennan an der Nordostküste (unten)

DIE HIGHLANDS
78 – 79

Die dramatische Lage war Fluch und Segen der Naturfestung Dunnottar Castle, die in Schottlands Geschichte immer wieder Hauptrollen spielte (oben). John O'Groats markiert am Pentland Firth das Ende des schottischen Festlands (links)

DUMONT
THEMA

WHISKY

Auf Flaschen gezogenes Sonnenlicht

Ein gälisches Wort wird weltweit verstanden: Whisky, die Kurzform von Uisge Beatha, Wasser des Lebens. Das Nationalgetränk der Schotten ist auch ihr Exportartikel Nummer eins. Gut eine Milliarde Pfund spült der hoch besteuerte Scotch alljährlich in die Staatskassen. Der bernsteinfarbene Spirit of Scotland duftet nach Heidekraut und einem Hauch Vanille, Torffeuer, Tang und salziger Seeluft.

Edradour Distillery: kupferne Brennblasen in Schottlands kleinster Whiskybrennerei

Schon Nationalbarde Robert Burns meinte, „Freiheit und Whisky gehören zusammen". Ein Getränk für alle, ohne sozialen Unterschied. Begrüßung oder Abschied, Geschäftsabschlüsse, Hochzeiten oder Beerdigung – immer wird mit einem „Dram" angestoßen, einem Schlückchen Scotch. Hergestellt wird das schottische Lebenswasser bereits seit mehr als 500 Jahren.

Als nach der Union englische Zöllner den Whisky drastisch besteuerten, blühten Schwarzbrennerei und Schmuggel. Jeder zweite Schluck Scotch war illegal gebrannt, bevor Brennlizenzen im 19. Jahrhundert erschwinglich wurden und die Whiskybarone Vermögen verdienten. Seit Jahren will die Welt immer mehr Whisky trinken, und Schottland liefert mittlerweile gut ein Drittel des globalen Bedarfs. Über die Hälfte der 110 aktiven Brennereien liegt im Speyside, wo komplexe Whiskys mit wenig Torfaroma wie Glenlivet, Glenfiddich und Macallan zuhause sind.

Highland Malts wie Dalwinnie oder Royal Lochnagar überzeugen mit mildmalzig-süßem Charakter. Je näher die Destillen an der Küste liegen, umso mehr mischen sich maritime Akzente in die Aromen wie beim Clynelish und Old Pultenay. Die torfigsten und markantesten Malts kommen von der Whiskyinsel Islay.

Ein Schluck für die Engel

Zum Brennen wird in Schottland Gerste, Wasser und Hefe verwendet. Zunächst muss die Gerste keimen, damit sich Stärke in Zucker umwandelt. Um den Prozess zu stoppen, wird die Gerste auf den Dörrböden über Torffeuern getrocknet. Hier entscheidet sich, wie torfig oder rauchig der Malt später schmecken soll. Das Gerstenmalz wird geschrotet und mit Quellwasser vermischt. Im Maischbottich löst sich der Zucker, im Gärbottich sorgt der Zusatz von Hefe für die Umwandlung in Alkohol. Destilliert wird zweimal in kupfernen Brennblasen, wobei nur der sogenannte Mittellauf als Rohwhisky verwendet werden

Die zwei Köstlichkeiten der Insel Islay: Austern und Whisky.

Strathisla im Speyside gehört zu den ältesten Whisky-Brennereien der Welt (oben). Mehr als 350 Single Malts stehen in der Bar des „Torridon Hotel" zur Auswahl (unten).

Informationen

Veranstaltungen: Beim **Spirit of Speyside Festival** (Mai) und **Autumn Speyside Whisky Festival** in Dufftown (Sept.) ist ausgiebig Gelegenheit, Destillerien anzuschauen und Uisge Beatha zu probieren (www.spirit ofspeyside.com, www.dufftown.co.uk).
Speyside Malt Whisky Trail: Schilder mit den Kilns, den pagodenförmigen Darretürmen, führen rund ums Jahr zu Traditionsbrennereien, darunter Cardhu, die einzige Brennerei, die je von einer Frau geführt wurde – Elizabeth Cumming –, die historische Dallas Dhu Distillery, Glenfiddich, The Glenlivet mit kostenloser Tour, Glen Grant und Strathisla, die älteste Brennerei Schottlands, die seit 1786 in Betrieb ist (www.maltwhiskytrail.com).
The Scotch Whisky Experience: Am oberen Ende der Royal Mile in Edinburgh geht es in gepolsterten Fässern durch die Welt des Whiskys, mit spannenden Geschichten von Schmugglern und Whiskybaronen, Verkostungen und der weltgrößten Scotch-Sammlung mit über 3500 Flaschen (www.scotchwhisky experience.co.uk).
Rund um Whisky: Whiskykenner wie Dave Broom, Jim Murray und Charles MacLean beschreiben in ihren Standardwerken (fast) alle Malts. Die Internetseiten www.scotchwhisky.com und www.whiskymag.com präsentieren News und Events, auf www.reisekultouren.de gibt es Whiskyreisen mit Chauffeur und tollen Tastings. Folk und Whisky sind die beiden Leidenschaften von Liedermacher Robin Laing, der mehrere Songs zu Schottlands „Beitrag zur Menschlichkeit" verfasst hat (www.robinlaing.com).

kann. Der zuerst verdampfende giftige Methyl-Alkohol im Vorlauf und die höher siedenden Fuselöle, der Nachlauf, werden sorgfältig abgetrennt. Die Iren brennen übrigens dreimal. Und die Amerikaner nehmen für ihren Bourbon Roggen und Mais und füllen ihn ausnahmslos in neue Eichenfässer ab. Diese gebrauchten Fässer kaufen die Schotten und lassen ihren Malt darin unter Zollverschluss mindestens drei Jahre, meist aber deutlich länger reifen. Manchmal wählen die Brennmeister auch Sherry-, Portwein- oder Madeirafässer, um dem Whisky eine besondere Note zu geben.

Über die Jahre verleiht das Fass dem zuerst klaren Kornbrand seine komplexen Aromen und goldenen Farbtöne, machen aus ihm „auf Flaschen gezogenes Sonnenlicht", wie Bernhard Shaw den Whisky nannte. Dabei verdunsten pro Jahr bis zu drei Prozent als „Angel's Share" für die himmlischen Heerscharen, nimmt das Holz den Duft von Heidekräutern und Seeluft auf.

Blended & Single Malt

Die meisten Malts gehen an Blender, die aus mehreren Whiskys einen unverwechselbaren Markenblend mixen – manchmal auch unter geringer Verwendung von Bränden auf Weizenbasis. Früher eher eine Spezialität, haben sich die teuren Single Malts längst zum Modegetränk entwickelt und sind auf jedem Flughafen im Duty-Free-Shop zu haben. Im Gegensatz zu den Blended Whiskys stammen Single Malts immer nur aus einer Brennerei.

Und wie wird der Scotch am besten getrunken? Mit Muße, Zeit und eventuell etwas Wasser lassen sich wunderbare Aromen erschließen. Und dann halten Sie sich an Robert Burns: Tak aff your dram! Die Gläser erhoben auf Schottland und sein Bestes – Slàinte. Prost!

DIE HIGHLANDS
82 – 83

In der Edradour Distillery bei Pitlochry lässt man sich Zeit, um vor der Verkostung die Farbe, Lichtreflexe und Glashaftung des Scotch genau zu prüfen

INFOS & EMPFEHLUNGEN

DIE HIGHLANDS
84 – 85

Munros, Malts und Märchenschlösser

Ein magischer Zauber liegt über der kargen Bergwelt, den einsamen Mooren und schimmernden Lochs. In den Highlands gibt es die höchsten Gipfel Großbritanniens, prächtige Schlösser und bezaubernde Gärten, goldene Strände, Königsspiele und sogar ein Seeungeheuer. Mehr als die Hälfte des Scotch wird hier gebrannt.

❶ Fort William

Das Hochlandstädtchen (4400 Einw.) am Ben Nevis ist Verkehrsknoten und Tourenstützpunkt mit kleiner Fußgängerzone. Es hat sich um eine 1650 errichtete englische Festung entwickelt.

HOTELS UND RESTAURANTS
€€€€ **Glencoe House** verwöhnt mit Traumsuiten, Bergpanorama und Dinner bei Kerzenschein (15 km südl. in Glencoe; s. S. 21). Fangfrischen Fisch und Bootsausflüge bietet €€ **Crannog** (Town Centre Pier, Fort William, Tel. 01397 70 55 89). Gemütlich ist es im €€ **Smiddy House & Russel's Restaurant** (15 km nördl. in Spean Bridge; s. S. 21).

UMGEBUNG
Am Südende des **Caledonian Canal** gleicht die Schleusentreppe **Neptun's Staircase** mit acht Schleusen fast 20 Höhenmeter aus (12 km nördl. von Fort William).
Den Zugang zum Great Glen kontrollierte vom 13. bis 17. Jh. **Urquhart Castle** (Urspr. 13. Jh., heute Ruine) am Ufer des Loch Ness (Besucherzentrum Sommer tgl. 9.30–18.00 Uhr, Winter kürzer). In **Drumnadrochit** informieren zwei Zentren über das geheimnisvolle Monster Nessie (www.nessieland.co.uk, www.lochness.com; tgl. 9.30–17.00/18.00 Uhr); zudem gibt es ab hier Rundfahrten über den See (www.lochnesscruises.com).
Gipfelstürmer müssen auf Großbritanniens höchsten Berg, den **Ben Nevis** (1343 m). Wanderer und Mountainbiker zieht es ins wildromantische Tal **Glen Nevis** (www.glen-nevis.co.uk) oder ins spektakuläre **Glencoe** (28 km südl. von Fort William).
Die panoramareiche Road to the Isles (75 km) von Fort William nach Mallaig führt am **Glenfinnan Monument** (1815) vorbei, wo Bonnie Prince Charlie 1745 die Clans gegen die Engländer vereinte. Wer lieber Zug fährt, nimmt den Jacobite Steam Train nach **Mallaig**, der über den Glenfinnan Viadukt rauscht, Harry Potters „Hogwarts Express". In die andere Richtung fährt der Zug hinauf zur kleinen Bahnstation im wilden Rannoch Moor, wohin keine Straße führt (www.westcoastrailways.co.uk). Nördl. an der Straße zur Brückenverbindung zur Isle of Skye liegt die fraglos fotogenste Burg Schottlands: das bis 1932 originalgetreu rekonstruierte **Eilean Donan Castle** der MacLeods; der Kultfilm „Highlander" hat die im 13. Jh. errichtete und 1719 gesprengte Burg unsterblich gemacht (www.eileandonancastle.com; tgl. 9.30–17.00/18.00 Uhr).

INFORMATION
Fort William iCentre, 15 High Street, Fort William PH33 6DH, Tel. 01397 70 18 01, www.visitscotland.com

❷ Inverness

In der Hauptstadt der Highlands (62 000 Einw.) lässt es sich gut shoppen. Schon in piktischen Zeiten im 6. Jh. gab es hier einen Herrschaftssitz. Hier oder in Stadtnähe soll (Shakespeares) historischer Macbeth 1040 seinen Cousin, König Duncan, getötet haben.

SEHENSWERT
Gegenüber von **Inverness Castle,** 1835 anstelle des mittelalterlichen Vorgängers errichtet (Verwaltung), dokumentieren **Museum and Art Gallery** das historische Erbe der Highlands (Castle Wynd; Di.–Sa. 10.00–17.00 Uhr).

ERLEBEN
Jacobite Cruises schippern tgl. über den Kaledonischen Kanal und Loch Ness (www.jacobite.co.uk). Der Great Glen Way (120 km) führt Wanderer, der Great Glen Cycle Tour Radler nach Fort William (www.greatglenway.com).

HOTELS UND RESTAURANTS
Im stylischen €€€€ **Rocpool Reserve** verwöhnt Albert Roux mit zartem Hochlandlamm (14 Culduthel Road, Inverness IV2 4AG, Tel. 01463 24 00 89, www.rocpool.com). Das viktorianische €€ **Moyness House** war Heim des Highland-Romanautors Neil Gunn (6 Bruce Gardens, Inverness IV3 5EN, Tel. 01463 23 38 36, www.moyness.co.uk).

Urtümlicher geht es nicht: schottisches Hochlandrind (links). Auf dem Caledonian Canal (rechts oben). Letzte Bauernkate in Culloden (rechts unten)

INFOS & EMPFEHLUNGEN

Tipp
Delfine hautnah!

Zweistündige Touren starten am Hafen von Cromarty im 300 PS-Boot auf dem Moray Firth, wo bei einlaufender Flut Delfine in der Strömung spielen. Nach kurzer Einführung gibt es für jeden einen wasserdichten Overall, und schon geht's los.

INFORMATION
EcoVentures, Victoria Place, Cromarty (35 km nördl. von Inverness), Tel. 01381 60 03 23, www.ecoventures.co.uk

Am North Coast 500: Legendär sind die Langusten in der € **Kishorn Seafood Bar** am Loch Carron bei Ardarroch (www.kishornseafoodbar.co.uk). Romantiker lieben die Erkerzimmer im €€€/€€ **The Torridon** im gleichnamigen Ort (s. S. 21). Wild, Lachs und Muscheln schmecken im €€ **The Old Inn** (Flowerdale Glen, Gairloch IV21 2BD, Tel. 01445 71 20 06, www.theoldinn.net). Wie ein großes Wohnzimmer wirkt €€/€ **The Ceilidh Place,** mit Buchladen und Hotel/Hostel (14 West Argyle Street, Ullapool IV26 2TY, Tel. 01854 61 21 03, www.theceilidhplace.com). Das €€€ **Summer Isles Hotel** bietet phantastisches Essen und helle Zimmer mit Meerblick (April bis Okt., Main Street, Achiltibuie IV26 2YG, Tel. 01854 62 22 82, www.summerisleshotel.com). Mit Panoramablick und kreativer Kochkunst begeistert das €€€€ **Inver Lodge Hotel** (Iolaire Road, Lochinver IV27 4LU, Tel. 01571 84 44 96, www.inverlodge.com). Perfekt sind Lage und Gastlichkeit im **Factor's House,** ein B & B (mit Dinner auf Anfrage) nördl. von Inverness (Denny Road, Cromarty IV11 8YT, Tel. 01381 60 03 94, www.thefactorshouse.com).

UMGEBUNG
Am 16. April 1746 unterlagen im Hochmoor von **Culloden** die jakobitischen Highlander von Prinz Charles Edward Stuart (Bonnie Prince Charlie) den Rotröcken des Herzogs von Cumberland. Gedenksteine erinnern an die blutige Schlacht, die im Hochland das Ende des Clansystems einläutete (10 km östl., www.nts.org.uk; Besucherzentrum tgl. 9.30–17.30/18.00 Uhr). Auf **Cawdor Castle** (14. Jh.) ließ Shakespeare Duncan durch Macbeth ermorden (20 km östl., www.cawdorcastle.com; Mai–Okt. tgl. 10.00–17.00 Uhr).

NORTH COAST 500
North Coast 500 TOPZIEL ist ein herrlicher Roadtrip von Inverness um die Northwest Highlands (830 km; www.northcoast500.com). Er nutzt die Fernverkehrsstraßen 835, 832, 835, 837, 894, 838, 836, 99 und 9 (teilw. westl. außerhalb der Karte, s. auch S. 98).
An der Westküste am Loch Torridon (Wester Ross) lassen sich an Bord der „Seaflower" Seeadler und Robben sichten (Shieldaig, www.torridonseatours.com). Zwei Wanderungen führen vom Loch Maree durch das **Beinn Eighe National Nature Reserve** (www.nnr-scotland.org.uk): der moderate Woodland Trail (2 km/45 Min.) und der steile Mountain Trail (6,5 km/3–5 Std., ab Parkplatz am Seeufer). Ab **Gairloch** fahren Schnellboote in den North Minch, um Delfine, Seehunde und Orcas zu beobachten (www.hebridean-whale-cruises.co.uk). Dank des Golfstroms gedeihen in den **Inverewe Gardens** am Loch Ewe subtropische Pflanzen (www.nts.org.uk; tgl. 10.30–16.00 Uhr). Weiß verputzte Häuschen mit kleinen Läden, Pubs und Cafés säumen die Hafenpromenade von **Ullapool** (1200 Einw.), 1788 als Fischerstandort gegründet und Fährhafen zu den Western Isles (www.ulla pool.com).
Von Tarbert setzen Boote zum Seevogelparadies **Handa Island** über (www.scottishwildlifetrust.org.uk). Zum einsamen Leuchtturm am **Cape Wrath** bringen Fähre und Minibus von Durness aus, wo weite Sandstrände warten. Stilvolles Mitbringsel vom fast nördlichsten Punkt Schottlands ist eine Flasche Rock Rose Gin der Dunnet Bay Distillery (www.dunnetbaydistillers.co.uk). Gewaltige Klippen und tosende Wellen prägen den Pentland Firth auf dem Weg nach **John o'Groats** (www.visitjohnogroats.com) und **Duncansby Head,** dem nördlichsten Punkt Großbritanniens.
Seit dem 13. Jh. residieren die Herzöge von Sutherland auf **Dunrobin Castle,** das weitgehend aus dem 19. Jh. stammt, mit Tapisserien, Trophäensammlung, wunderschönem Park und Greifvogelschau (www.dunrobincastle.co.uk; Mitte April–Okt. tgl. 10.30–16.30/17.00, Vogelschau 11.30 und 14.00 Uhr). **Dornoch,** etwas weiter südl., besitzt weite Strände und einen schönen Golfplatz (www.visitdornoch.com).

INFORMATION
Inverness iCentre, Castle Wynd, Inverness IV2 3BJ, Tel. 01463 23 43 53, http://inverness-scotland.com

③ Braemar

Der Hauptort des „Royal Deeside" (900 Einw.) liegt mitten im **Cairngorms National Park TOPZIEL**, dem mit 3800 km² größten Nationalpark der Briten mit vier Dutzend „Munros".

SEHENSWERT
Am Cairn Gorm entspringt der Dee, der bei Aberdeen ins Meer mündet. In seinem Tal verbringen die Royals seit 1852 auf **Balmoral Castle** ihren Sommerurlaub (www.balmoralcastle.com; April–Juli tgl. 10.00–17.00 Uhr) – und kommen immer zum Braemar Highland Gathering (s. S. 65). In **Ballater** sind viele Geschäfte Hoflieferanten der Queen wie die Royal Lochnagar Distillery (www.visitballater.com).

AKTIVITÄTEN
Oberhalb **Aviemore** im Tal des River Spey gibt es 30 Pistenkilometer zum Skifahren und Snowboarden (www.cairngormmountain.org). Die **Speyside TOPZIEL** ist Whiskyland und mit rund 50 Brennereien schottische Whiskyhochburg (s. auch S. 80). Der **Coastal Trail** führt an der Nordküste durch verträumte Fischerorte (www.visitscotland.com/de-de/destinations-maps/aberdeen-city-shire/coastal-trail/).

UMGEBUNG
Schottlands geografische Mitte markiert das hübsche Hochlanddörfchen **Pitlochry** an der Straße Inverness–Perth (www.pitlochry.org) nicht weit vom prachtvollen **Blair Castle** (13.–19. Jh.) mit kostbaren Stilmöbeln (www.blair-castle.co.uk; April–Okt. tgl. 9.30–17.30 Uhr) und dem **House of Bruar,** wo man herrlich shoppen kann (s. S. 110). In den Hügeln oberhalb versteckt sich die kleine **Edradour Distillery** (www.edradour.com).

INFORMATION
Braemar iCentre, The Mews, Mar Road, Braemar AB35 5YL Tel. 01339 74 16 00, www.braemarscotland.co.uk

Eis geht immer – natürlich auch bei den Highland Games (links). Hochherrschaftliche Wohnkultur im Dunrobin Castle (rechts oben). Cawdor Castle bei Inverness (rechts unten)

Tipp

Wie aus dem Märchenbuch

In Aberdeenshire gibt es mehr Burgen und Schlösser als irgendwo sonst in Großbritannien. Die berühmtesten, schönsten und spektakulärsten wie Crathes, Fyvie, Fraser, Drum und Craigievar Castle erschließt der ausgeschilderte Castle Trail.

INFORMATION
www.visitscotland.com/de-de/
see-do/attractions/castles/scotland-
castle-trail/

❹ Aberdeen

Die „Silver City" ist Europas Ölmetropole und drittgrößte Stadt Schottlands (220 000 Einw.). Der uralte Siedlungsplatz wurde im 11. Jh. schottische Königsresidenz. Nach wechselhaften Jahrhunderten begann im 18. Jh. eine erneute Blüte mit Industrie, Fischerei und Schiffbau. 1969 wurde das erste Ölfeld erschlossen.

SEHENSWERT
Um den Marischal Square mit dem gewaltigen Granitbau des **Marischal College** (19. Jh.) locken stylische Restaurants und junge Boutiquen, erzählt das **Maritime Museum** von Schiffbau und dem Geschäft mit dem Öl (Shiprow, www.aagm.co.uk; tgl. 10.00–17.00 Uhr). Anf. 2018 sollen die **Art Gallery & Museum** wiedereröffnet werden (Schoolhill, www.aagm.co.uk). Das **Merchant Quarter** oberhalb des Hafens gefällt mit Szenebars und Livemusik. **Old Aberdeen** ist Studentenviertel, und die Fischerhäuschen in **Foodie** an der Hafeneinfahrt erinnern an vergangene Zeiten.

HOTELS UND RESTAURANTS
€€€€ **MacLeod House** lässt keine Wünsche offen (Menie Estate, Balmedie AB23 8YE, Tel. 01358 74 33 00, www.trumpgolfscotland.com). Nette Zimmer hat das € **3rd House** (406 Great Western Road, Aberdeen AB10 6NR, Tel. 01224 31 08 42, www.3rdhouse.co.uk).
Der alte Lotsenausguck €€€ **Silver Darling** ist die beste Fischadresse (Pocra Quay, North Pier, Tel. 01224 57 62 29). €€ **Jamie's Italien** serviert hausgemachte Pasta (38 Union Street, Tel. 01224 92 51 75).

UMGEBUNG
Dramatisch auf einem Felsen am Meer thront 25 km südl. von Aberdeen die Ruine **Dunnottar Castle** (www.dunnottarcastle.co.uk; April bis Sept. tgl. 9.00–18.00 Uhr, sonst kürzer).

INFORMATION
Aberdeen iCentre, 23 Union Street,
Aberdeen AB11 5BP, Tel. 01224 26 91 80,
www.visitscotland.com

DIE HIGHLANDS
86 – 87

Genießen   Erleben   Erfahren

Der Berg ruft!

DuMont Aktiv

Munro werden in Schottland alle Gipfel über 3000 Fuß bzw. 914 Meter genannt. Diesen Namen verdanken sie dem viktorianischen Offizier und begeisterten Bergsteiger Sir Hugh Munro, der sie vor 125 Jahren erstmals auflistete. Da die Schotten gerne wandern, wurde „Munro Bagging" Volkssport – erst wer alle 282 Gipfel bezwungen hat, darf sich „Munroist" nennen.

Der Ben Nevis ist als höchster Berg Großbritanniens natürlich Pflichtprogramm, vorausgesetzt er versteckt sich nicht wieder unter dicken Wolken. Mit 1344 m knapp so hoch wie der Feldberg im Schwarzwald, wirkt der Ben Nevis trotzdem hochalpin, vor allem im Winter. Gutes Schuhwerk und wetterfeste Kleidung sind unumgänglich, und nicht überall ist Handy-Empfang! Großbritanniens höchste Seilbahn fährt auf den Cairn Gorm. Wer mehr als den Panoramablick von der Aussichtsterrasse der Bergstation genießen möchte, kann auf geführten Touren zum Gipfel des 1245 m hohen Munros wandern.

Schottlands Nationalblume, die Distel, ist Emblem des gut ausgeschilderten West Highland Way, der nördlich von Glasgow beginnend über 150 km zum Loch Lomond, durch Rannoch Moor, Glencoe und über den Pass Kinlochleven auch zum Ben Nevis führt.

Weitere Informationen

Cairn Gorm: Ranger führen die Wanderungen von der Bergstation zum Gipfel (www.cairngormmountain.org; Mai–Okt. tgl. 10.30 und 13.30 Uhr, 90 Min.).
Ben Nevis: Touristenroute (Pony Track, 17 km) ab Parkplatz des Glen Nevis Visitor Center (Belford Road, Fort William, www.ben-nevis.com). Aufstieg über grobe Felsstufen und Schotterwege, der Gipfel ist Geröllwüste.

West Highland Way: Ausführliche Informationen bietet die Internetseite www.west-highland-way.co.uk.
Tipps, Wetterberichte und Wegbeschreibungen auf den Internetseiten des Scottish Mountaineering Club (www.smc.org.uk) und des Mountaineering Council of Scotland (www.mcofs.org.uk) sowie auf www.walkhighlands.co.uk.

Eine echte Bergwanderung: hinauf zu Ben Nevis

WESTKÜSTE UND INSELN
88 – 89

Außenposten im Atlantik

Trotz des warmen Golfstroms, der die Westküste Schottlands umspült, kann man hier nicht mit sommerlichem Badewetter rechnen. „Hav bred ey", Inseln am Rande des Meeres, nannten die Wikinger die sturmumtosten Hebriden. Mehr als 500 Inseln gehören dazu, ungezähmt, ursprünglich und einsame Klasse. Wer sie bereist hat, will wiederkommen – versprochen.

Stolz werden die auf der Landwirtschaftsschau bei Mallaig errungenen Pokale präsentiert. Fischfang und Schafzucht sichern bis heute das Einkommen vieler Küstenbewohner

Wilde Schönheit: Die Abendsonne taucht den Leuchtturm am Neist Point in warmes Licht. Er markiert der Schifffahrt den westlichsten Punkt der Insel Skye

Sehen aus wie kleine Clowns: Hunderttausende der bunten Papageientaucher brüten auf den Hebrideninseln

Reif für einen Oscar wäre der Old Man of Storr allemal. Seine spitzen Basalttürme auf der Trotternish-Halbinsel sind ein Traumziel für Trekkingfans und Highlight der Isle of Skye. Häufige Wetterwechsel sind ein weiterer Reiz von „Sküyo", der Wolkeninsel, wie die Hebridenschönheit zu Wikingerzeiten hieß. So kann es passieren, dass sich die Gipfel der Cuillins Hills im Süden unter dichten Wolken verstecken, während auf Dunvegan Castle die Sonne scheint und über dem Hafen von Portree ein Gewitter niedergeht. Minuten später laufen erste Sonnenstrahlen über die Steilhänge im Kletterparadies, wird der Himmel anderswo bezogen. Bergfreunde kommen an den wilden Cuillins nicht vorbei. Gewaltige geologische Kräfte haben sie aus den Sockeln riesiger Vulkane geformt. Wind und Wasser gaben ihnen über Jahrmillionen Gestalt, mächtige Gletscher den letzten Schliff. Bekannter als die herrliche Natur ist höchstens der „King o' Drinks", wie Robert L. Stevenson den torfigen Talisker Whisky bezeichnete. Nach Rauch, Gischt und einem Hauch Pfeffer schmeckt der maritime Talisker Storm, wie das Einlaufen in den Hafen nach einem langen, windreichen Segeltag.

Trend mit Tradition

Skye setzt erfolgreich auf sein gälisches Erbe, lokales Design und gute Gastrono-

Portree ist Pflichtziel. Einladend reihen sich am Hafen bunte Häuschen – hinter der gelb getünchten Fassade serviert das „Sea Breezes" die besten fangfrischen Muscheln, Langustinos und Lachs

mie. Das war nicht immer so. Durch die auch hier gnadenlos umgesetzten Clearances wurde im 19. Jahrhundert mehr als die Hälfte aller Hebriden-Bewohner gezwungen, nach Australien oder Nordamerika auszuwandern. Wer blieb, hatte wenig Perspektiven. Auf Skye dauerte die Durststrecke bis 1995, als die Brücke zum Festland zur Pipeline für den ersehnten lukrativen Tourismus wurde. Lange verpönt, wird Gälisch wieder verstärkt gesprochen, alle Straßenschilder im Nordwesten und auf den Inseln sind inzwischen zweisprachig. Das Sabhal Mòr Ostaig College auf Skye gibt Sommerkurse der klangvollen Sprache. Steingemauerte Reethäuser, die mit Torf beheizt wurden, waren einst typisch für das Hochland und die Hebriden. Eine Stube, zwei Schlafzimmer, das war alles. Das Material für die Blackhouses lieferte die Natur. An dieser Bauweise orientieren sich junge Architekten wie Dualchas und Rural Design, die mit innovativen Entwürfen moderner Wohnhäuser großen Erfolg haben. Innovativ sind auch die Gastronomen der Insel. Ihre Speisekarten gleichen einem Tauchgang vor der Westküste: Austern vom Loch Harport, Jakobsmuscheln von Sconser und Krabben vom Loch Dunvegan. Wer jetzt noch Mitbringsel sucht: Auf der Insel werden wunderschöne Dinge produziert von Seifen und Schmuck bis zu Kerzen und Keramik.

Brennende Leidenschaft

Regen, Wind und der Atlantik führen auf Islay ein strenges Regiment. Die südlichste Hebrideninsel gilt als Heiliger Gral der Whiskywelt, ein Mikrokosmos, der selbst schon eine Marke ist. Tang und Torffeuer, Salz und Seeluft prägen die intensiven Inselwhiskies. Die viktorianische Brennerei Bruichladdich, die zur Jahrtausendwende aus ihrem Dornröschenschlaf erwachte, produziert mit dem Octomore den rauchigsten Whisky der Welt. Und einen ausgezeichneten Gin für Wacholderliebhaber. „Whisky braucht Zeit, um erwachsen zu werden", erklärt Ardbegs Brennerei-Botschafter Amish Torrie. Whiskypapst Jim Murray

Keltische Kirche: Über Jahrhunderte war das vom irischen Mönch Columban gegründete Kloster auf Iona das geistliche Zentrum Schottlands

Wie alle Briten sind auch die Schotten Hundenarren. Selbst in den Nationalparks gibt es keine generelle Anleinpflicht. Und auf zahllosen Hundeschauen finden Halter die Bestätigung dafür, dass ihr Liebling der schlauste, schnellste oder schönste ist

Ein Wahrzeichen der Hebriden ist die bunte Hafenpromenade von Tobermory, Fischerdorf, Seglertreff und Hauptort der Insel Mull

Unter Volldampf rauscht der Jakobite-Zug über den Glenfinnan Viadukt Richtung Mallaig. Eisenbahnliebhaber, Touristen und Harry-Potter-Fans sitzen in den sieben Waggons des „Hogwarts Express" – er fährt Zauberschüler vom Gleis 9¾ im Londoner Bahnhof King's Cross ins Internat Hogwarts

> **Schottischer Whisky? Wenn du ihn in deiner Hand hältst, ist er der Puls einer kleinen Nation.**
>
> Robin Laing, schottischer Folksänger

bescheinigt dem explosiven Ardbeg Supernova Perfektion. Gefeierter Newcomer ist Anthony Willis. Kilchoman heißt sein Single Malt, wie die Farmdestille, die erst 2005 anheizte – Kilchomans Machir Bay wurde 2017 Whisky des Jahres. Geliebt oder vehement abgelehnt, der rauchige Geschmack von Lagavulin ist so unverwechselbar wie die birnenförmigen Brennkessel und schneeweißen Lagerhäuser am Meer, wo die mächtigen Malts reifen. Hier findet jeden Sommer das Finale der Classic Malt Cruise statt, jenes legendären Flottilentörns durch die Inneren Hebriden, der Begeisterung fürs Segeln und für Whisky verbindet.

Buchkunst und Basalt

Iona war schon lange eine keltische Druideninsel, als der hl. Columban im 6. Jahrhundert hier ein Kloster gründete und mit der Christianisierung Schottlands begann. Mehr als 60 schottische, irische und norwegische Herrscher fanden auf dem Friedhof der Abtei ihre letzte Ruhe, darunter Kenneth Mac Alpin, der Pikten und Skoten mit harter Hand zu einem Königreich einte, und Duncan und Macbeth – laut Shakespeare das Opfer und sein Mörder. Ein Buch, so schön und aufwendig verziert, dass es das Werk von Engeln sein müsse. So berichteten Reisende von dem um das Jahr 800 im Kloster verfassten „Book of Kells", einer Evangelien-Handschrift mit kunstvollen keltischen Farbabbildungen auf feinstem Kalbsleder. Heute schmückt sich das Trinity College in Dublin mit dem Weltdokumentenerbe, das zum Schutz vor plündernden Wikingern nach Irland gebracht worden war.

Nur bei gutem Wetter wird das winzige Eiland Staffa angelaufen. Eine schmale Treppe führt vom Anlegesteg die Klippen hinauf. Reihe um Reihe ragen sechseckige schwarze Basaltsäulen aus dem Meer, die sich vor 60 Millionen Jahren beim Erkalten von Lava formten. Laut Legende sind sie das Werk des sagenhaften Schottenkönigs Fingal. Ein literarisches Ereignis war das angebliche Heldenepos dessen Sohnes Ossian über die gälische Heimat. Der talentierte Schwindler James Macpherson hatte es 1762 verfasst und trotz berechtigter Zweifel bei Europas Romantikern zum Kult gemacht. Das geologische Weltwunder Staffa zog sie alle an. Unter ihnen war auch Felix Mendelssohn Bartholdy, der 1829 bei stürmischem Wetter die Fingalshöhle besuchte. Das dröhnende Echo von Wind und Wellen inspirierte ihn zu seiner Hebriden-Ouvertüre, dem Vorspiel der Schottischen Symphonie.

Exakt an astronomischen Ereignissen ausgerichtet:
der mystische Steinkreis von Callanish auf Lewis

Das raue Ende Europas

Nicht selten eskortieren Delfine die Überfahrt von Ullapool zu den Äußeren Hebriden. Die zerklüfteten Küsten der Western Isles sind so alt wie die Kontinente. Sie zeugen von der Naturgewalt, die Europa und Amerika jedes Jahr ein paar Zentimeter weiter auseinanderdriften lässt. Menschen siedelten auf Lewis bereits vor mehr als 5000 Jahren. Bis heute verwundert, wie mobil unsere Vorfahren bereits waren und mit welch höchst einfachen Mitteln sie die oft stürmische Hebriden-See zu überwinden wussten.

Die fast fünf Meter hohen Stelen der Standing Stones of Callanish standen schon, bevor die große Pyramide in Gizeh vollendet war. 47 kreis- und strahlenförmig gesetzte Menhire ergeben ein keltisches Kreuz, wohl der schönste Steinkreis Schottlands neben dem Ring of Brodgar auf Orkney. Beide Megalithstätten dienten wie auch das südenglische Stonehenge als rituelles Zentrum zur Sonnenverehrung und zur Berechnung von Tag- und Nachtgleiche, den Fixpunkten für Aussaat und Ernte. Auch die Mondphasen wurden vermutlich verfolgt: Alle 19 Jahre ergibt sich eine geradezu magische Stellung des Erdtrabanten, so als würde er über die nahen Hügel im Süden zur Erde tanzen.

Harris Tweed

Schwerer Stoff

Special

Auf den Western Isles entsteht ein Wollstoff, der die Ursprünglichkeit seiner Herkunft transportiert wie kein anderer: der Harris Tweed.

Lautes Klappern erfüllt den Raum, wenn Donald John MacKay die Pedale seines Webstuhls tritt, sich Stangenwerk, Kettbaum und Garnkämme in Bewegung setzen. Blitzschnell flitzt das Schiffchen durch die Kettfäden. Seit fast 50 Jahren fertigt MacKay in Luskentyre den begehrten Harris Tweed. Wie zu Zeiten seines Vaters und Großvaters wird der warme, wetterfeste Stoff auf Harris, Lewis, Uist und Barra in Heimarbeit gewebt. Harris Tweed besteht immer aus reiner Schurwolle, die auf den Western Isles zuerst gefärbt und dann gesponnen wird. Dadurch kann ein Faden bis zu 20 einzelne Farbtöne aufweisen. Verarbeitet wird das fertige Gewebe auf dem Festland. Seine Bekanntheit verdankt das Wolltuch der weitsichtigen Insellady Catherine

Dunmore. Als Hofdame Queen Victorias nutzte sie ihre Beziehungen zum Hochadel so erfolgreich, dass Harris Tweed bald auf allen Landpartien getragen und zum textilen Synonym britischer Lebensart wurde. Heute arbeiten junge Labels ebenso gern mit dem Gewebe wie traditionelle Schneider, lassen auch Converse, Ralph Lauren und Walker Slater die Webstühle auf Harris rattern. Echten Harris Tweed erkennt man am geschützten Label mit dem „Orb", dem Reichsapfel und Malteserkreuz.

Sühnekirche: Nach seinem Massaker an den MacDonalds um 1500 überließ Clanchef Alexander MacLeod seinem Sohn Titel und Ländereien auf Skye und zog nach Harris. Dort errichtete er mit anderen Mönchen die St. Clement's Church bei Rodel – und tat hier Buße bis zum Lebensende

Danach kommt nur noch die offene See. Laut dem Guinnessbuch der Rekorde ist der 1862 errichtete einsame Leuchtturm des Butt of Lewis an der Nordspitze der Äußeren Hebriden der windigste Ort ganz Großbritanniens

Die kilometerlangen wunderbaren Sandstrände von Harris zählen zu den schönsten der Welt – wären da nur nicht der eisige Atlantik und der schneidende Seewind

DUMONT THEMA

SCHOTTISCHE KÜCHE

Frisch, regional und hausgemacht

Was ihre Küche betrifft, sind die Schotten längst autonom vom Rest Großbritanniens. Selbst im entlegenen Hochland und auf den Inseln findet man Slow Food, Gourmetkost und Bauernmärkte mit Bioprodukten aus erster Hand.

Hummer, Jakobsmuscheln oder Austern – Marcello Tully wählt für seine Sterneküche Meerestiere von der Westküste

Die traditionelle schottische Küche musste die Menschen vor allem satt machen. Sie liebt daher nahrhafte Gerichte, dicke Suppen und kalorienreiche Nachspeisen. Probiert haben muss man deshalb natürlich Fish'n Chips, Kabeljau im krossen Bierteigmantel mit Pommes und ein paar Spritzern Essig, das Leibgericht der Briten. Etwas speziell, aber gut zubereitet richtig lecker, ist die deftigste Delikatesse des Landes, der Haggis. Schottlands Nationalgericht aus den Innereien eines Schafs kommt traditionell mit Neeps & Tatties, weißen Rübchen und Kartoffelpüree, auf den Tisch.

Doch die sanfte Revolution der Slow-Food-Bewegung und die neue Lust auf heimische Genüsse haben auch Schottland erreicht. Statt Kalorienbomben serviert der Kochnachwuchs zunehmend leichtere und gesunde Kost aus saisonalen Zutaten lokaler Erzeuger.

Meister am Herd

Dreizehn über die schottischen Lande verteilte Michelin-Sterne bestätigen den positiven Trend. Einen davon hält Marcello Tully in der charmanten „Kinloch Lodge" der Macdonalds an der Südküste der Isle of Skye. Lady Claire Macdonald, selbst populäre TV-Köchin, Kochbuchautorin und offizielle Botschafterin der schottischen Küche, war eine der ersten, die für die Rückbesinnung auf regionale Produkte plädierte. „In den letzten Jahren hat sich viel in der schottischen Küche verändert", erzählt Marcello. „Qualität besitzt heute einen hohen Stellewert. Und was eine gute Küche braucht, haben wir alles direkt vor der Haustür." Er deutet auf die See in Sichtweite. „Unser Fisch wird hier gefangen. Muscheln, Hummer, Krebse und Krabben von der Westküste gehören zu den besten der Welt." Mit dieser Meinung steht er nicht allein. Die Meeresfrüchte, Lachs und Lämmer, Angusrinder und natürlich nicht zuletzt der Whisky sind die Exportschlager.

Alle Welt in Schottland

Auch Hochlandwild, frische Beeren und würziger Käse sind kulinarische

WESTKÜSTE UND INSELN
96 – 97

Die Traditionskneipe „Drovers Inn" am Loch Lomond hat angeblich bereits Rob Roy besucht (links). Typisch schottisch: Haggis mit Kartoffel- und Möhrenpüree (rechts)

Klassiker. Nach einem Inselausflug vor dem knisternden Kamin zu sitzen, herzliche Gastlichkeit und beste lokale Küche zu genießen, das ist Urlaub von Anfang an. „Junge Köche aus aller Welt bringen neue Ideen nach Schottland", meint Marcello. Der gebürtige Brasilianer muss es wissen. Sein Credo: Neugier und Leidenschaft für schöne Speisen. Seine Spezialität sind die Kombination schottischer Zutaten mit brasilianischen Techniken aus der Küche seiner Mutter, der überraschende Mix von Süß und Sauer – und ein Hauch Tabasco.

Informationen

Taste our Best! Ausgezeichnete Gerichte aus heimischen Zutaten bieten Pubs, Restaurants und Gasthäuser mit der violetten Taste-our-Best-Plakete, die VisitScotland alljährlich verleiht (www.visitscotland.com). Lieferanten original schottischer Produkte, Farmshops und Biomärkte finden sich unter www.taste-of-scotland.com.

Kinloch Lodge: Wie werden Scones und Shortbread zum Tee gebacken oder schottische Lachse und Langusten serviert? Entspannt und mit einer Prise Humor vermittelt Marcello Tully bei Kochkursen in seiner Sterneküche, wie Lieblingsrezepte auch zu Hause mühelos gelingen (http://kinloch-lodge.co.uk).

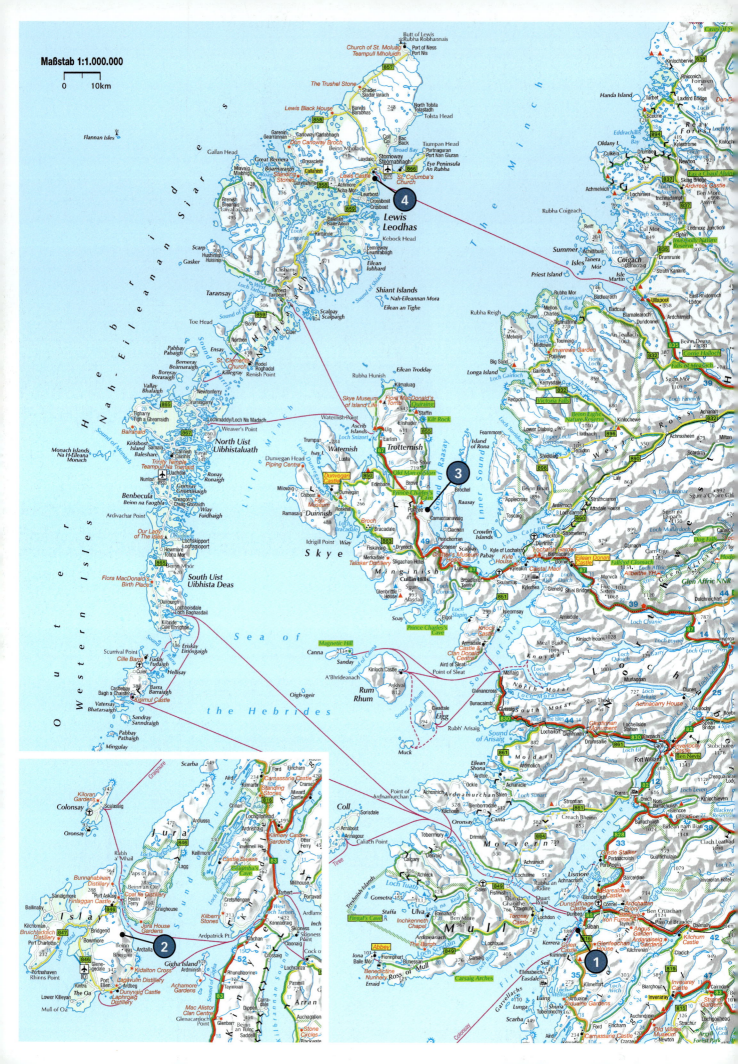

Schottisches Inselhüpfen

Nur 80 der rund 500 Hebrideninseln sind bewohnt. Wer nicht das Flugzeug nimmt, braucht Zeit für die Anreise. Von Glasgow aus geht es zuerst zur wilden Westküste, um dann mit der Fähre überzusetzen – gute Sprungbretter sind die hübschen Hafenstädtchen Oban und Ullapool.

❶ Oban

Die lebendige Hafenstadt (8500 Einw.) gilt als Tor zu den Hebriden. Das Fischernest wurde im 19. Jh. zum Knotenpunkt zwischen Hebridenfähren und Eisenbahnnetz. Heute bestimmt Tourismus den Ort, der sich für Wander- und Segelurlaube gleichermaßen anbietet.

SEHENSWERT
Wahrzeichen ist eine Replik des römischen Kolosseums, **McCaig's Tower** (1897), oberhalb der Hafenpromenade, wo sich 24/7 shoppen lässt. Mindestens 14 Jahre reift der Classic Single Malt der Oban Distillery – dazu passen Pralinen der Oban Chocolate Company (Stafford Street; tgl. 9.30–17.00 Uhr, Sommer länger).

HOTELS UND RESTAURANTS
Romantisches Hideaway mit Spitzenküche ist das €€€€ **Airds Hotel** (s. S. 21). €€ **The Mishnish** auf Mull hat nette Zimmer und süffiges Ale (Tobermory, Isle of Mull PA75 6NT, Tel. 01688 30 25 00, www.themishnish.co.uk). Mit Blick über die Oban Bay serviert €€ **Ee-Usk** fangfrische Meerestiere (North Pier, Tel. 01631 56 56 66). Im €€ **Oyster Inn** stehen Austern und Langusten auf der Karte (Connel, nordw. Oben, Tel. 01631 71 06 66, www.oysterinn.co.uk). Direkt vom Kutter kommen die Krabben und Hummer der € **Seafood Hut** am Calmac Pier (www.seafoodloversrestaurantguide.co.uk). 55 km südl. von Oban bietet das €€€ **Crinan Hotel** ein Künstleratelier und gutes Seafood (Crinan, Tel. 01546 83 02 61, www.crinanhotel.com).

AKTIVITÄT
Gut 200 Seemeilen umfasst die zweiwöchige **Classic Malts Cruise** von Obans Brennerei nach Skye mit der Talisker-Destillerie und zur Whiskyinsel Islay mit der Lagavulin-Brennerei (Juli; www.worldcruising.com).

UMGEBUNG
Schmuckstück georgianischer Zeit ist das zinnenbewerte **Inveraray Castle** der Dukes of Argyll (www.inveraray-castle.com, 20 km südöstl. am Loch Fyne; April–Okt. tgl. 10.00 bis 17.45 Uhr). Mit 15 Schleusen verkürzt der **Crinan Canal** den Seeweg um die grüne Halbinsel **Kintyre** (140 km südl. Oban). Seinen Hit „Mull of Kintyre" spielte Paul McCartney mit der Pipeband von Campbeltown ein, im 19. Jh.

Von Mull geht es hinüber zur Klosterinsel Iona (links). Die Basaltsäulen von Staffa (rechts oben). Auf die Royal Mail ist Verlass (rechts unten)

mit 40 Brennereien „Whiskyhauptstadt der Welt". Drei sind verblieben, besuchenswert ist die viktorianische Springbank Distillery (www.springbankwhisky.com; Führungen 10.00 und 13.00 Uhr).

ISLANDHOPPING
Ab Oban verkehren Kleinflugzeuge (www.hebrideanair.co.uk) und Fähren (www.calmac.co.uk) zu den Inneren und Äußeren Hebriden. Staffatours kombiniert die Inseln Mull, Iona und Staffa (www.staffatours.com). Wahrzeichen der Western Isles sind die kunterbunten Häuschen am Pier der Inselhauptstadt von **Mull**, Tobermory (800 Einw.). **Tiree** ist Hochburg der Windsurfer (www.isleoftiree.com).

INFORMATION
Oban iCentre, 3 North Pier, Oban PA34 5QD, Tel. 01631 56 31 22, www.visitscotland.com

❷ Islay

Islays (3500 Einw.) erste legale Brennerei stand vor 200 Jahren in der Inselhauptstadt Bowmore, als neunte Destille soll 2018 Ardnahoe eröffnen.

ERLEBEN
Wichtigster Wirtschaftszweig ist die **Whiskyherstellung** (Distillery-Touren auf www.islayinfo.com). Im Mai lockt das **Islay Festival of Music & Malt**. Die schönsten **Strände** sind Machir, Saligo und Sanaigmore. **Golfer** schätzen den Machrie Links Course.

HOTELS UND RESTAURANTS
Mit gemütlichen Zimmern und 300 Malts im Angebot überzeugt das €€€ **Lochside Hotel** (20 Shore Street, Bowmore PA43 7LB, Tel. 01496 81 02 44, www.lochsidehotel.co.uk). €€€/€€ **The Harbour Inn** gefällt durch Landhausstil und leckere Küche (The Square, Bowmore PA42 7JR, Tel. 01496 81 03 30, www.bowmore.com). Gute Unterkunft neben der Jura Distillery mit überraschend sanftem Malt ist das €€€/€€ **Jura Hotel** (Craighouse PA60 7XU, Tel. 01496 82 02 43, www.jurahotel.co.uk).

ISLANDHOPPING
Von Port Askaig setzt die Fähre nach **Jura** (200 Einw.) über, der „Hirschinsel" mit großen

INFOS & EMPFEHLUNGEN

Herden von Rotwild. Vor 70 Jahren verfasste George Orwell im einsamen Barnhill Farmhouse seinen Zukunftsroman „1984". Beim berüchtigten Corryvreckan Whirlpool, einem durch Ebbe und Flut verusachten Meeresstrudel zwischen Jura und Scarba, kam Orwell fast ums Leben, als der Motor seines Bootes bei einem Tidenstrom von knapp 20 km/h ausfiel (Speedboot-Touren zum Whirlpool ab Lagavulin/Islay, www.islay-sea-adventures.co.uk).

INFORMATION
Islay iCentre, The Square, Bowmore, Isle of Islay PA43 7JP, Tel. 01496 30 51 65, www.islayinfo.com

❸ Isle of Skye

Den charmanten Hauptort von Skye und sein touristisches Zentrum, **Portree** (2300 Einw.), schmücken bunte Häuschen am Hafen. Nach der Niederlage von Culloden 1746 war Bonnie Prince Charlie monatelang auf der Flucht. Ein Vermögen von 30 000 Pfund waren auf seinen Kopf ausgesetzt. Verzweifelt landete der Stuart-Prinz auf den Äußeren Hebriden. Als Dienstmagd verkleidet, wurde er von Flora Macdonald trotz Sturm von Benbecula nach Skye gerudert, um sich dort nach Frankreich einzuschiffen. In Portree nahmen sie Abschied – der größte Grabstein in Kilmuir auf der Halbinsel Trotternish ehrt die mutige Retterin.

SEHENSWERT
Der **Quiraing** (Halbinsel Trotternish) und die **Cuillin Hills** (Minginish) **TOPZIEL** machen Wanderungen zum grandiosen Naturerlebnis. Mekka der Alpinisten sind **Glen Sligachan** und **Glenbrittle** (beide Minginish) mit einem Dutzend Munros und den Fairy Pools, wo Wasserfälle 50 m in den Feenteich stürzen. Von **Elgol** im Süden von Minginish schippern Boote zum Loch Coruisk und Loch Scavaig, eine traumhafte Ankerbucht mit Seehundbänken

Tipp
Perfekte Blaupause

Knapp eine Stunde dauert die Wanderung vom Parkplatz zum Neist Point Lighthouse am Nordwestzipfel von Skye. Der Leuchtturm steht am Rand steiler Klippen über der schäumenden See. Bei genug Zeit kann man die vier Kilometer zum Waterstein Head weiterlaufen, einem markanten Tafelberg über der tosenden Brandung in der Moonen Bay. Hier einfach mal hinsetzen und mit windrosa Wangen dem Meer lauschen. Mit etwas Glück lassen sich Kegelrobben, Schweinswale und sogar Orcas sichten.

INFORMATION
auf www.isleofskye.com

Blackhouse Museum auf Lewis (links). Herrlich gelegen: Dunvegan Castle (rechts oben) und Old Man of Storr aus Skye (rechts unten)

(April–Okt., www.bellajane.co.uk). Am Loch Harport wird seit 1830 der **Talisker Whisky** gebrannt (Carbost, www.malts.com; Sommer tgl. 9.30–17.30 Uhr, Winter kürzer). Schon 800 Jahre thront **Dunvegan Castle** (überw. um 1850), Stammsitz der MacLeods, auf den Klippen am Meer (www.dunvegancastle.com; April–Okt. tgl. 10.00–17.30 Uhr). Im kleinen **Skye Museum of Island Life** erzählen reetgedeckte Blackhouses vom Alltag der Crofter vor 100 Jahren (Trotternish, www.skyemuseum.co.uk; Ostern–Sept. Mo.–Sa. 9.30 bis 17.00 Uhr). Panoramatouren führen über die Trotternish-Halbinsel zu bizarren Basaltfelsen wie dem tartanähnlich gemusterten **Kilt Rock** und der Felsnadel **Old Man of Storr,** die 50 m in den Himmel ragt. Auf der mediterran anmutenden südlichen Halbinsel Sleat widmet sich **Armadale Castle** (überw. 19. Jh.) mit schönem Garten den MacDonalds; die „Lords of the Isles" beherrschten vom 13. bis 15. Jh. die gesamten Hebriden (www.clandonald.com; April–Okt. tgl. 9.30–17.30 Uhr).

ERLEBEN
Im Sommer veranstaltet das Sabhal Mòr Ostaig College **Musikfestivals** und **Gälischkurse** (www.smo.uhi.ac.uk).

HOTELS UND RESTAURANTS
Die viktorianische €€€€ **Kinloch Lodge** verwöhnt mit Sterneküche (nördl. Isleornsay, Sleat IV43 8QY, Tel. 01471 83 33 33, http://kinloch-lodge.co.uk). Mit Panoramablick über Portree und guter Küche begeistert das €€€ **Cuillin Hills Hotel** (Portree IV51 9QU, Tel. 01478 61 20 03, www.cuillinhills-hotel-skye.co.uk). Zwei schöne Öko-Ferienhäuser sind €€ **Skeabost/Cuán Beag** von Rural Design (www.holidaylettings.com) und €€ **Two Byres** von Dualchas (www.thetwobyres.co.uk). Klein, aber fein ist die Küche von Calum Munro im €€€/€€ **Scorrybreac** (7 Bosville Terrace, Portree, Tel. 01478 61 20 69). Die besten Muscheln serviert das sympathische € **Sea Breezes** (2 Marine Buildings, Quay Street, Portree, Tel. 01478 61 20 16).

UMGEBUNG
Plocktons Promenade gefällt durch mediterranes Flair (www.plockton.com, 10 km nordöstl. der Brücke nach Skye). Fähren verbinden **Mallaig** an der Westküste mit Skye und den Small Isles (https://smallisles.wordpress.com):

Canna und **Muck** sind Seevogelparadiese, **Rum** begeistert als Naturidyll samt historisierendem viktorianischen Kinloch Castle (1900; www.isleofrum.com).

INFORMATION
Portree iCentre, Bayfield House, Bayfield Road, Portree, Isle of Skye IV51 9EL, Tel. 01478 61 29 92, www.visitscotland.com

Tipp
Authentischer Brit-Look

Katherine und Mairi suchen jedes Stück selbst aus: klassische Blazer mit abgestepptem Samtkragen, Sakkos und Westen in Fischgrät und Glencheck, Mäntel als sichtbares Stil-Statement – verdankt nicht Benedict Cumberbatch seinen Weltruhm als „Sherlock" auch seinem zweireihigen Tweed-Mantel?

INFORMATION
The Harris Tweed Company, Grosebay, Harris, www.harristweedco.co.uk; Sommer Mo.–Sa. 9.30–17.30 Uhr

❹ Lewis und Harris

Zwei Drittel der Hebridenbewohner leben in der Inselhauptstadt **Stornoway** (20 000 Einw.), wo Loganair landet und die Fähren aus Ullapool anlegen.

SEHENSWERT

In **Lews Castle** (19. Jh.), einst Heim von Seifenmillionär Lord Leverhulme, dokumentiert das **Museum nan Eilean** die Inselschichte (Stornoway, www.museumnaneilean.org; Di.–Fr. 13.00–17.00, Sa. 10.00–17.00 Uhr). Die **Standing Stones of Callanish** sind frei zugänglich und am eindrucksvollsten bei Sonnenaufgang (http://callanishvisitorcentre.co.uk). Wie Mensch und Tier einst unter einem Dach lebten, zeigt das **Blackhouse Museum** in Arnol (westl. Barvas; April–Sept. Mo.–Sa. 9.30–17.30, Okt. bis März Mo., Di., Do. und Fr. 10.00–16.00 Uhr). Bei Tarbert (Fähren nach Skye) sind Lewis und Harris zusammengewachsen. Die aussichtsreiche, aber schmale Golden Road folgt der zerklüfteten Ostküste von Harris. In **Luskentyre** ist der Tweedweber Donald John Mackay zu Hause (s. auch S. 94). Karibikfeeling am Traumstrand mit türkisfarbenem Meer verspricht **Skarista Beach** zwischen Borve und Northon.

HOTELS UND RESTAURANTS

€€€ **Scarista House** verwöhnt mit phantastischer Küche und fünf netten Zimmern (Sgarasta Bheag, Harris HS3 3HX, Tel. 01859 55 02 38, www.scaristahouse.com). Im €€ **Gearrannan Blackhouse Village** lässt sich in Reetdachhäusern des 19. Jh. übernachten (5a Gearrannan, Carloway, Lewis HS2 9AL, Tel. 01851 64 34 16, www.gearrannan.com).

Das €€ **Isle of Barra Beach Hotel** begeistert mit tollen Fischgerichten (Tangasdale Beach, Tangasdale, Barra HS9 5XW, Tel. 01871 81 03 83, www.isleofbarra hotel.co.uk). Herrliches Seafood bietet auch das €€ **Orasay Inn** (Lochcarnan, South Uist HS8 5PD, Tel. 01870 61 02 98, www.orasayinn.co.uk).

ISLANDHOPPING

Barra rühmt sich der weltweit einzigen Landepiste auf einem Sandstrand, die nur bei Ebbe angeflogen werden kann (www.flybe.com). Im Hauptort Castlebay mit Kisimul Castle (13. Jh.) legen die Fähren aus Oban an. Straßendämme verbinden **North Uist** (Tauchen, Kanutouren und Felsklettern; www.uistoutdoorcentre.co.uk), **Benbecula** (Ausritte am Strand; www.ride hebrides.co.uk) und **South Uist** (Wandern zur Wildblumenblüte; www.southuist.com). Etwa 180 km nordw. liegt der Archipel **St. Kilda**. Ruinen erinnern an die letzten Bewohner, die 1930 die unwirtlichen Eilande verließen, heute UNESCO-Welterbe und Heimat wilder Soay-Schafe sowie der weltweit größten Basstölpelkolonie (Tagesausflug von Leverburgh/Harris; www.kildacruises.co.uk).

INFORMATION

Stornoway iCentre, 26 Cromwell Street, Stornoway, Lewis HS1 2DD, Tel. 01851 70 30 88, www.visitouterhebrides.co.uk

---

Genießen   Erleben   Erfahren

Hart am Wind

DuMont Aktiv

Ebbe und Flut bestimmen den Takt an der schottischen Westküste, ein raues, aber traumhaft schönes Segelrevier. Ob selber chartern oder eine Koje buchen, ein Törn durch die Hebriden verspricht magische Momente, verträumte Häfen und einsame Ankerbuchten. Kein Stress, keine Hektik, nichts als weiter Horizont.

25-Seemeilen trennen Oban von Mull und der farbenfrohen Hafenfront seiner Inselhauptstadt Tobermory, ein angesagter Seglertreff mit Pubs und Shops und Brennerei. Sofern das Wetter mitmacht, lässt sich am nächsten Tag Loch Scavaig anlaufen, die schönste Ankerbucht der Wolkeninsel Skye. Die beste Art, den Talisker Whisky zu probieren, ist natürlich, die Brennerei auf dem Seeweg anzusteuern. Kurs 235° geht es Richtung Äußere Hebriden nach Barra. Neben dem Fährterminal von Castlebay nimmt man den Ankerschluck mit Blick auf Kisimul Castle. Das „Barra Beach Hotel" verwöhnt mit vorzüglicher Küche und Blick auf die offene See.

Mit etwas Glück kreuzen Delfine, Wale oder Riesenhaie den Kurs. Die Insel Coll punktet mit einem geschützten Bojenfeld und fangfrischem Hummer im „Gannet Restaurant". Zurück in Oban, kann man sich im „Ee-Usk" am North Pier bei Sundowner und Seafood erholen – und vielleicht schon den nächsten Törn planen.

Weitere Informationen

Schottlands **Segelreviere, Häfen und Marinas** präsentieren die Internetseiten www.welcome-anchor ages.co.uk und www.sailscotland.co.uk
Yachtcharter: Alba Sailing, Charteryachten bis 46 Fuß (Dunstaffnage Marina, nördl. von Oban, www.albasailing.co.uk). Torridon Yacht Charter, Charteryacht Hanse 385 (Loch Torridon, www.torridonyachtcharter.com).
Segeltörns: auf dem ehem. Fischkutter „Eda Frandsen" (http://edafrandsen.co.uk; März bis Sept. 6–9 Tage), auf dem Zweimastschoner „Flying Dutchman" von 1903 (http://segeln schottland.de; April–Okt., 8–11 Tage)

ORKNEYS UND SHETLANDS
102 – 103

Am Rande Europas

Lange bevor in Ägypten die Pyramiden entstanden, blühte auf Orkney eine Hochkultur. Ihre monumentalen Kammergräber, Steinkreise und Siedlungen entführen in eine geheimnisvolle, längst versunkene Zeit. Synonym für Ponys, Pullover und Öl ist das Shetland-Archipel. Schroff und schön zugleich trotzen die nördlichsten Vorposten Großbritanniens der rauen See und dem ewigen Wind im stürmischen Nordatlantik.

Wächter an Orkneys Westküste: Ziel einer herrlichen Wanderung ist die Felsnadel des Old Man of Hoy, die fast 140 Meter über dem Meer aufragt

Schottlands einzige Kathedrale, die die Reformation heil überstanden hat, ist St. Magnus in Kirkwall. (rechts). Junge Kunst präsentiert das Pier Arts Centre in Stromness (Mitte links)

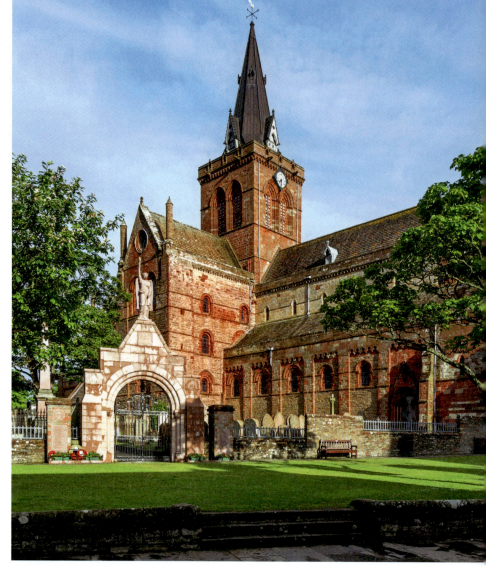

Blautöne des Himmels und der See spiegeln sich im filigranen Silberschmuck von Sheila Fleet – in ihrer Galerie in Kirkwall lassen sich auch schöne Arbeiten anderer Künstler Orkneys entdecken

Hoffnung und Heimat: Die Fresken in der kleinen italienischen Kapelle auf Lamb Holm erhielten 2015 ihre Leuchtkraft zurück

Entspannt die Ruhe genießen: Vor dem viktorianischen „Royal Hotel" auf dem Inselchen South Walls geht das immer mit Meerblick

Die Magie von Orkney besteht aus Stille, Einsamkeit und tiefen, wunderbaren Rhythmen von Meer und Land, Dunkelheit und Licht.

George Mackay Brown, der „Sänger der Inseln"

Das handwerkliche Können der ersten Orkney-Bewohner übertraf alles Dagewesene. Vor mehr als 5000 Jahren errichteten sie auf der Hauptinsel Mainland gewaltige Monumente. Doppelt so groß wie das südenglische Stonehenge ist der Ring of Brodgar. Knapp die Hälfte seiner ursprünglich 60 Steine blieb an ihrem Platz, der höchste ragt fast fünf Meter in den orkadischen Himmel – ein Anblick, den man nicht vergisst. War der Steinkreis Kultstätte oder Kalendarium? Ein Rätsel ist auch, wie die tonnenschweren Megalithen über die baumlose Insel transportiert werden konnten. Historiker vermuten, dass sie auf einer Art Rutsche aus Schlick und Tang gezogen wurden.

Ein zweiter zeremonieller Steinkreis sind die Stones of Stenness, die bereits ein halbes Jahrtausend vor Stonehenge standen. Lieferte entgegen bisheriger Thesen der Norden die Ideen für den Süden Britanniens?

In Sichtweite von Stenness erhebt sich Maes Howe. Der Andrang in die steinerne Gruft ist groß, es dürfen immer nur kleine Gruppen in den zehn Meter langen Gang. Das Hügelgrab ist auf Mittelachse und Eingang des jüngst entdeckten Sonnentempels Structure Ten ausgerichtet. Dessen Freilegung hat erst begonnen, doch schon jetzt sind Zusammenhänge zwischen den Zeugnissen der Jungsteinzeit erkennbar, die als „The Heart of Neolithic Orkney" UNESCO-Welterbestätte sind.

Steinzeitalltag

Was die Steinzeitmenschen aßen, wie sie wohnten und welches Werkzeug sie benutzten, lässt sich am besten in Skara Brae erahnen, einer Reihenhaussiedlung aus der Jungsteinzeit. Bis zu 50 Menschen lebten in den Erdhäusern. Sie besaßen Feuerstellen, Betten, Regale und sogar ein Abwassersystem. Tausende von Jahren blieb die Siedlung unter einer dicken Sandschicht konserviert, bis eine Sturmflut sie 1850 wieder freigelegte. Von der Wohnkultur vor 5000 Jahren erzählen ein rekonstruiertes Erdhaus und Grabungsfunde, darunter Töpfe aus Stein, Walwirbel und Austernschalen. Dass auch die schönen Dinge des Lebens eine Rolle spielten, belegen Schmuck und Reste von rötlicher Ockerfarbe, die vermutlich Schalen, Kleidung und Haut verzieren sollte.

Auf Tauchgang

Während beider Weltkriege war der weite Naturhafen von Scapa Flow Hauptstützpunkt der britischen Marine. 1919 versenkte sich hier die interierte deutsche Kriegsflotte selbst: Die Luken

Der Wind wiegt sanft die Baumwollgräser auf den Hügeln über der weiten Bucht von Rackwick an der Westküste von Hoy

wurden geöffnet, Druckkessel gesprengt und 74 Schiffe fanden ein eisiges Grab. Noch immer ruhen sieben der Kolosse auf dem Grund der Nordsee. Inzwischen sind sie Tummelplatz für Taucher aus aller Welt. Trotz starker Strömung erkunden jedes Jahr Tausende die Wracks im zehn Grad kalten Wasser. Nur Tauchgänge zur „HMS Royal Oak" sind nicht erlaubt. Das britische Schlachtschiff, das im Oktober 1939 vor Anker liegend von einem deutschen U-Boot torpediert worden war, sank in nur 15 Minuten und wurde Seemannsgrab für über 800 Mann der Besatzung.

Ein Stück Himmel
Italienische Kriegsgefangene mussten daraufhin zum Schutz der Zufahrten aus Felsblöcken die Churchill Barriers errichten, die seither die Inseln verbinden. Einer der Gefangenen, Domenico Chiocetti, versuchte der Hölle des Krieges ein Stück Hoffnung entgegenzusetzen. Zusammen mit seinen Kameraden baute er 1943 auf Lamb Holm aus zwei Lagerhütten mit Wellblech, Backsteinen und dekorativen Fresken die kleine Italian Chapel – das „Wunder von Camp 60", das Besucher bis heute bewegt. Fünfzehn Jahre nach Kriegsende kehrte Domenico zurück, um sein Werk zu überarbeiten. Die Freundschaft mit Italien

Maes Howe

Totenkult und Sonnentempel

Special

Von der Straße aus nur ein Grasbuckel, im Innern aber birgt Maes Howe das besterhaltene steinzeitliche Kammergrab Europas.
Seine Architekten waren Meister des Trockenbaus. Mörtellos schichteten sie Stein auf Stein akkurat übereinander. Als man das Grab 1812 entdeckte, war es leer. Mitte des 12. Jahrhunderts waren Nordmänner eingedrungen, wohl weil ein Schneesturm sie überraschte. Zum Zeitvertreib eingeritzte Runen berichten, dass hier „der beste Schreiber des westlichen Ozeans" am Werk war, „Ingiborg die schönste aller Weiber" sei und „Haakon den Schatz aus dem Hügel" schaffte. Als wirklicher Schatz erwies sich ein Graffiti in Drachengestalt: als meistverkauftes Motiv der Schmuckindustrie auf den Inseln. Maes Howe diente auch zur Bestimmung der Jahreszeiten. Zur Wintersonnenwende am 21. Dezember fallen die Sonnenstrahlen direkt in den Eingang und lassen die Kultstätte golden leuchten.

ORKNEYS UND SHETLANDS
106 – 107

Selten geworden:
Mitten im Nirgendwo
auf der einsamen
Insel South Ronaldsay
steht noch
eine der roten
Telefonzellen (links).
Mit Skaill House
im Hintergrund:
Steinzeitsiedlung
Skara Brae auf
Orkneys Mainland
(rechts)

Fast fünf Meter hoch ragen die mächtigen
Monolithen des Ring of Brodgar auf

Rausch der Tiefe: Die Scapa-Scuba-Diving-Tauchschule am Churchill Barrier organisiert
Tauchgänge zu den Wracks der deutschen Flotte auf dem Grund von Scapa Flow

Fels in der Brandung: Vor der Nordküste der Shetlandinsel Foula trotzt das gewaltige Sandsteintor des Gaada Stack dem stürmischen Atlantik

Sie segeln mit großer Grazie über die steilen Kliffs, sind kühne Sturzflieger, aber lausig im Landen: Basstölpel brüten in großen Kolonien an den Küsten der Orkneys und Shetlands

Am Ende der Welt: Hunderttausende von Seevögeln, aber nur knapp 30 Menschen leben in Ham Voe auf Foula, einer der entlegensten Siedlungen im gesamten Königreich

Viehzucht spielt immer noch eine eine Rolle auf den baumlosen Shetlandinseln

blieb. 2015 erhielten die Fresken durch die Arbeit der römischen Restauratorin Antonella Papa ihre einstige Leuchtkraft zurück.

Gestrickt, gefilzt oder gewoben
Die kleinwüchsigen Schafe auf Insel North Ronaldsay wurden vor 200 Jahren zugunsten der Rinder vor den Inseldeich verbannt. Seither teilen sie ihr Leben mit den Seehunden am Strand und knabbern Seetang statt Gras. Weiß, gefleckt oder dunkelbraun ist ihre Wolle heiß begehrt. Pullover, Schals, Handtaschen und Kleider aus der weichen Wolle verkauft Woolshed in Evie auf Orkneys Mainland. Der Laden gehört zum Orkney Craft Trail, dessen kreative Kunsthandwerker durch Mythen, die Natur und Tradition auf Orkney inspiriert sind.

Dänische Mitgift
Die nördlichsten Untertanen der Krone sehen ihre wahre Heimat in Skandinavien. Aus Norwegen kamen im 9. Jahrhundert ihre Vorfahren und blieben fast 700 Jahre. Skandinavische Herrscher kontrollierten die 170 Eilande der Orkney- und Shetland-Inseln und starteten von hier aus ihre Raubzüge entlang der Küsten Europas – bis eine Ehe die Verbindung beendete. Als König Christian I. von Dänemark 1496 die Mitgift für seine Tochter Margarethe nicht bezahlen konnte, verpfändete er seinem schottischen Schwiegersohn, James III., die Shetlands und Orkneys.

Vergeblich versuchten die Skandinavier später, ihre Inseln wieder auszulösen. Geblieben sind nordische Ortsnamen wie Trondra, Fetlar oder Yell, die wie Möbel aus einem Ikea-Katalog klingen. Nordisches Erbe ist auf Shetland auch das Up Hella Aa: Monatelang wird für das Feuerfest ein Wikingerschiff gezimmert, um es dann nachts in einem Riesenspektakel den Flammen zu opfern.

Auf 60 Grad Nord
Nach zwölf Stunden Überfahrt von Aberdeen stampft die Northlink-Fähre bei starkem Seegang Richtung Shetlands Mainland, um gegen 7.30 Uhr in Lerwick einzulaufen. Feucht und windumtost, nur mit erheblichem Zeitaufwand erreichbar und trotz Golfstrom auch im Sommer selten wärmer als 15 °C, sind die Shetlands nicht gerade einladend. Und doch ist genau das einer ihrer vielen Vorzüge. Wenig Menschen und ganz viel Weite. Schmale Straßen schlängeln sich vorbei an Windrädern und freilaufenden Ponys zu spektakulären Felsklippen. Rechts und links nichts als Wasser. Die Shetlands liegen auf gleicher Höhe wie das norwegische Bergen und die Südspitze Grönlands. Gute Voraussetzungen, um die Aurora Borealis zu sehen, wenn Polarlichter die Winternächte in leuchtende Farbsymphonien verwandeln: Grüne Bänder und violette Bögen tanzen durch das dunstige Himmelsblau, bevor

„Wenn in Shetland kein Wind wehte, erschrak man regelrecht."
Krimiautorin Ann Cleeves in „Die Nacht der Raben"

sie sich im seidigen Licht verlieren – die magischen Mirrie Dancers, wie sie auf Shetland heißen. Während die Winter lang und dunkel sind, ist es zum Mittsommer 19 Stunden lang hell. Was bleibt, ist eine fast endlose Dämmerung und das goldene Abendlicht des Simmer Dim.

UNSERE FAVORITEN

Ausgesuchte Shoppingadressen

Ein Stück Schottland

Bei mehr als sechs Millionen Schafen stehen Wollwaren natürlich ganz oben auf der Einkaufsliste. Karomode, Kaschmir und Kilts, handgewebter Harris Tweed und junges Design, formschöner Schmuck und das hochprozentige Wasser des Lebens – Hochwertiges von schottischen Herstellern finden Sie bei folgenden Adressen:

5 Lebenswasser

1 Lieblingsstücke

Feinste Wolle von Kaschmirziegen aus China und der Mongolei wird seit über 220 Jahren von Johnstons of Elgin zu superweichen Pullis, Decken, Schals und Mützen verarbeitet. Auch australische Merinoschafe liefern das Rohmaterial für die luxuriösen Wollwaren, gestrickt, gefilzt oder gewoben. Produziert wird in den Manufakturen von Elgin und Hawick.

Johnstons of Elgin, Cashmere Heritage Centre, Newmill, Elgin IV30 4A, www.johnstonscashmere.com; Visitor Centre, Eastfield Mills, Mansfield Road, Hawick TD9 8AA

2 Tuchträume & Delikatessen

Erst ein Besuch im schneeweißen Blair Castle und dann zum Shoppen ins elegante House of Bruar. Alle namhaften Hersteller Schottlands sind hier vertreten. Ob Kilt, Kaschmir oder Tweed für den perfekten Look, Wachsjacken und Wellies zum Wandern, Jagen und Angeln oder Lifestyle im Landhausstil, hier gibt es alles.

House of Bruar, Pitagowan, Blair Atholl PH18 5TW www.houseofbruar.com

3 Formschönes

Mehr als 100 Künstler und Kunsthandwerker öffnen ihre Werkstätten und Ateliers für drei Tage beim Spring Fling Ende Mai in Dumfries & Galloway und bei der Craft Scotland Summer Show Ende August in Edinburgh. Zu ihnen gehört Clare Dawdry, die in der „Food Town" Castle Douglas hochwertige Keramik herstellt. Ihre Tassen, Becher und Schüsseln sind so schön, dass Tim Kitchin sie auch für sein Sternelokal in Edinburgh auswählte.

Spring Fling, www.springfling.co.uk, www.craftscotland.org, www.wemakepots.com

4 Feinster Zwirn

Schon das Schaufenster ist ein visueller Smalltalk, der mit edlem Material, warmen Farben und schmeichelnden Proportionen verführt. Walker Slater kleidet beim Grassmarket nicht nur Gentlemen maßgeschneidert ein. Der renommierte Tweedausstatter hat auch einen Laden nur für Ladies mit femininen Doppelreihern, lässigen Jacken und schicken Kostümen, dazu passende Tücher, Taschen und Schuhe, alles mit viel Liebe zum Detail entworfen.

Walker Slater Edinburgh, Ladies: 44–46 Victoria Street, Men: 16–20 Victoria Street, www.walkerslater.com

Ardbeg Corryvreckan, Bruichladdich Octomore oder Macallan Sienna – Royal Mile Whiskies hat eine ausgezeichnete Auswahl der 300 besten schottischen Single Malts. Wer einen Scotch sucht, den es so nicht zu Hause gibt: Am unteren Ende der Royal Mile befindet sich Schottlands ältester unabhängiger Abfüller Cadenhead's (seit 1842). Kunden können ihren Whisky direkt ab Fass aussuchen für Flaschen mit persönlichem Etikett.

Royal Mile Whiskies, 379 High Street, Edinburgh EH1 1PW, www.royalmilewhiskies.com;
Cadenhead's Whisky Shop, 172 Canongate, Edinburgh EH8 8DF, www.wmcadenhead.com

UNSERE FAVORITEN
110 –

Whiskies

6 Wellness

Sie heißen „Glen Rosa", „Bergamot & Ginger" oder „After the Rain", entspannen, erfrischen und duften nach Urlaub: die Seifen, Badezusätze und Lotionen von Arran Aromatics. Seit fast drei Jahrzehnten werden sie aus rein pflanzlichen Stoffen von Familie Russell auf der Insel Arran hergestellt und sind längst ein Synonym für schottischen Lifestyle.

Arran Aromatics, Home Farm, Brodick KA27 8DD, www.arranaromatics.com; Shop, 46A George Street, Edinburgh

7 Landhausstil

Eine Autostunde nördlich von Inverness kombiniert Anta Hochwertiges aus den Highlands mit neuen Ideen: handbemaltes Geschirr im Tartanmuster, schicke Tweedtaschen, Teppiche, Lampen und Möbel aus heimischen Hölzern versprechen den perfekten Countrystyle.

Anta, Fearn, Tain IV20 1XW, www.anta.co.uk
Filialen: 119 George Street, Edinburgh; 107 West George Street, Glasgow

8 Windsackweisen

Laut, gewöhnungsbedürftig und typisch schottisch ist der Dudelsack. Sein Spieler klemmt sich den Ledersack unter den meist linken Arm und presst die Luft in die Bordunpfeifen, die gleichbleibende Grundtöne erzeugen, und in den Chanter, auf dem wie auf einer Flöte die Melodie gespielt wird. Der durchdringende Klang entsteht dadurch, dass die längste Bordunpfeife den Basston hält, während die beiden anderen eine Quinte höher gestimmt sind. Ob Anfänger, Profi oder Souvenirjäger, Bagpipes Galore berät professionell und wartet auch die Instrumente.

Bagpipes Galore, 20 Haymarket Terrace, Edinburgh EH12 5JZ, www.bagpipe.co.uk

9 Relax & Smile

Toller Stopp an der North Coast 500 ist das Künstlerdörfchen Balnakeil bei Durness. Hier gibt es handgemachte Mitbringsel, Fairtrade-Bio-Cappuccino und die beste heiße Schokolade an der Nordküste. Das Café Cocoa Mountain verkauft außerdem selbst gemachte Schokolade. Probieren Sie Whiskypralinen aus kubanischem Kakao, sahnige Buttertoffees oder Champagnertrüffel mit Chili und Zitronengras.

Balnakeil, Durness IV27 4PT, www.cocoa mountain.co.uk

10 Made in Orkney

Schals, Handschuhe oder Pudelmützen, was Hilary Grant strickt, hat Charme. Fraser Anderson fertigt aus Treibholz, Eiche und Stroh die traditionellen Orkney-Stühle, Leila Thomson webt wunderschöne Wandteppiche. Ihre Schwester ist die auch international erfolgreiche Schmuckdesignerin Sheila Fleet. Überall auf den Orkney-Inseln haben sich Künstler und Kunsthandwerker niedergelassen, augenfällig inspiriert durch das Meer, die Natur und keltische Mythen. Zu Werkstätten und Läden führen die braunen Schilder des Orkney Craft Trail.

Orkney Craft Trail, www.orkneydesignercrafts.com

Maßstab 1:1.000.000

0   10km

Shetland Islands

Muckle Flugga
Herma Ness
Lamba Ness
Norwick
285
Burrafirth
Haroldswick
Baltasound
Cullivoe
Belmont
968
Unst
Muness Castle
Uyeasound
Uyea
Gutcher
Lyea
Oddsta
Houbie
Fetlar Reserve
Fetlar
Funzie
Brough Lodge
Hascosay
Point of Fethaland
Lumbister Reserve
North Roe
North Roe
Yell
West Sandwick
Mid Yell
Otterswick
Ronas Hill 449
Ollaberry
Bigga
Ulsta
Burravoe
Old Haa
166
Esha Ness
Stenness
Hillswick
Gate of Giants
10
Saint Magnus Bay
Muckle Roe
Sullom Voe Oil Terminal
970
Laxobigging
Hamnavoe
Toft
968
Brae
Busta House
Hillside
Laxo
Vidlin
Out Skerries
Skaw
Whalsay
Papa Stour
Vementry
Papa Little
281
Neap
Symbister
Brettabister
122
Erne's Stack
Melby Ho
249
Voe
West Burrafirth
Dale
Buxter
M a i n l a n d
Wats Ness
Bridge of Tresta
Walls
Wall
971
Culswick
Vaila
Veensgarth
Heogan
Bressay
Gott
Lerwick
Broch
Isle of Noss
Foula 416
Ham
The Deeps
Scalloway
Kirkabister
Orkneyman's Cave
Bard Head
Hamnavoe
East Burra
Quarff
West Burra
Royl Field
Kettla Ness
293
970
Mousa
Mousa Broch
Sandwick
St. Ninian's Isle Church
Levenwick
Skelberry
Croft House Museum
Fitful Head
Toab
Grutness
Braer (Oil Tanker Wreck)
Jarlshof
Sumburgh Head
③

217
Fair Isle
Stonybreck

Orkney Islands

NORTH SEA

Mull Head
Papa Westray
North Ronaldsay
Noup Head
Knap of Howar
Noltland Castle
Pierowall
169
Westray
The North Sound
North Ronaldsay Firth
Northwall
Midbea
Rapness
Calf of Eday
Scar
Start Point
Faray
Carrick
66
Kettletoft
Sanday
Quoyness Cairn
Rousay
Wasbister
Eday
Sanday Sound
Brough of Birsay
Brough Head
Broch of Gurness
The Barony
Twatt
Georth
Dounby
966
Egilsay
St. Magnus Church
Bonian
Wyre
Backaland
Whitehall
Aith
Stronsay
Marwick Head Nature Reserve
Blackhammer Cairn
Tingwall
Gairsay
967
Skara Brae
Yesnaby
Aith
Loch of Harray
Finstown
Balfour
Standgarth
Wide Firth
Shapinsay
Auskerry
Carrigal Farm Museum
Ring of Brodgar
Loch of Stenness
Standing Stones of Stenness
Maes Howe
Stromness
965
Kirkwall
Highland Park Distillery
①
Orkney Islands
Graemsay
②
Linksness
St. John's Head
Old Man of Hoy
Ward Hill
Houton
1939 Orphir
269
Round Church
German High Seas Fleet
Italian Chapel
St. Mary's
Copinsay
Rora Head
Dwarfie Stane
Cava
Burray
Hoy
Fara
Lyness
Flotta
354
Scapa Flow
Bow
Howe of Hoxa
St. Margaret's Hope
South Walls
Longhope
South Ronaldsay
Swona
961
Burwick
Tomb of the Eagles

Pentland Firth

Dunnet Head
Island of Stroma
Muckle Skerry
St. Mary's Chapel
114 Scarfskerry
Castle of Mey
Duncansby Head
Dounreay
Dunnet
836
Mey
Huna
John o'Groats
Portskerra
Melvich
Reay
Thurso
Castletown
Freswick
Scrabster
Brawl Castle
9
6
Roadside
Nybster
Loch Calder
Sinclair's Bay
Kirk
Calder Mains

Aberdeen

Schottland trifft auf Skandinavien

Die See und das raue Klima bestimmen Leben und Alltag auf den Inseln vor der Nordspitze Schottlands. Fähren und Flüge werden nicht selten wegen Nebel oder Sturm gestrichen. Hier ist nicht alles planbar, ticken die Uhren anders, scheinen die Menschen gelassener. Orkney lockt mit Steinzeitsiedlungen, Kunsthandwerk und schneeweißen Sandstränden, Shetland mit Nordlichtern, Fiddlemusik und dem artenreichsten Vogelparadies.

❶ Kirkwall/Orkney

Nur 17 der 68 nahezu baumlosen Orkney-Inseln sind bewohnt. Größtes Eiland ist Mainland mit flachen, grünen Weiden, herrlichen Sandstränden und Steilklippen im Westen. Vor der Küste tummeln sich Seehunde, Delfine und Wale. Knapp ein Drittel der 20 000 Orkadier lebt in Kirkwall, dessen Geschichte bis in Wikingerzeiten zurückreicht.

SEHENSWERT
Vom Hafenpier führt die Fußgängerzone mit kleinen Läden zur 1137 geweihten Sandstein-**Kathedrale St. Magnus.** Normannische Säulen tragen ihr Mittelschiff, am Seitenaltar erinnert die Schiffsglocke an die 1939 versenkte „HMS Royal Oak". Gegenüber widmet sich das **Orkney Museum** der Inselgeschichte (Broad Street; Mo.–Sa. 10.30–17.00 Uhr).

ERLEBEN
Die **Highland Park Distillery** produziert einen sanft rauchigen Single Malt (Holm Road, www.highlandparkwhisky.com; Mai–Aug. Mo. bis Fr. 10.00–17.00, Sa. und So. 12.00–17.00 Uhr, sonst kürzer). Am 25. Dez. und Neujahr werden die **Ba' Games** veranstaltet, eine Art Fußballspiel unter Beteiligung der Passanten auf den Straßen (www.orkneyjar.com).

HOTELS UND RESTAURANTS
Bestes Seafood und zartes Orkney-Lamm gibt es im €€€ **The Foveran** (Kirkwall, St. Ola KW15 1SF, Tel. 01856 87 23 89, www.thefoveran.com). Direkt am Hafen liegt €€ **The Shore** mit netten Zimmern und populärem Restaurant (Shore Street, Kirkwall KW15 1LG, Tel. 01856 87 22 00, www.theshore.co.uk). Die Wrigley Sisters, zwei von Schottlands bekanntesten Folkmusikern, führen eine Musikschule samt € **Reel Coffeehouse & Bar** mit Sessions, Kursen und Konzerten (6 Broad Street, Kirkwall, Tel. 01856 87 10 00, www.wrigleyandthereel.com).

UMGEBUNG
Berührend ist die rot-weiße **Italian Chapel** auf Lamb Holm (7 km südl. von Kirkwall; Sommer tgl. 9.30–17.00/18.30 Uhr, Winter kürzer). Drachenboot, Nordlicht und Schädelspalter heißen die intensiven Craft-Biere der **Orkney Brewery** (15 km südw. von Kirkwall, Quoyloo, www.orkneybrewery.co.uk).

INFORMATION
Kirkwall iCentre, The Travel Centre, West Castle Street, Kirkwall KW15 1GU, Tel. 01856 87 28 56, www.visitscotland.com, www.orkney.gov.uk, www.orkneyjar.com

> **Tipp**
>
> ### Meer und Mondlicht …
>
> … keltische Symbole, Wikinger-Runen und Zeichen der piktischen Ogham-Schrift liefern Sheila Fleet Ideen für ihren Schmuck. In Tankerness kann man zusehen, wie Sheilas Team arbeitet. In ihrer Kirkwall Gallery wird auch Formschönes von anderen Kunsthandwerkern verkauft.
> Aus Eichenholz und geflochtenem Stroh von den Inseln stellt die Familie von Jackie und Marlene Miller in Kirkwall traditionelle Orkneystühle her.
>
> **INFORMATION**
> Sheila Fleet, The Workshop, Tankerness, und Sheila Fleet Gallery, 30 Bridge Street, Kirkwall, www.sheilafleet.com; Jackie und Marlene Miller, 12 Scapa Court, Kirkwall, www.scapacrafts.co.uk

St. Magnus International Festival auf Mainland (links). Strand von Birsay (rechts oben). Ölbohrplattform in Scapa Flow (rechts unten)

INFOS & EMPFEHLUNGEN

❷ Stromness/Orkney

Schon an Bord der NorthLink-Fähren, die Schottland mit Stromness (2300 Einw.) verbinden, sorgen sandgestrahlte Zitate des Inselbarden George Mackay Brown (1921–1996) für wohltuende Entschleunigung. Der Ort selbst geht auf eine Wikingersiedlung zurück und blüte ab dem 17. Jh. dank Walfang und Fischerei auf.

SEHENSWERT

Das **Stromness Museum** berichtet von Walfangflotten und der Steinzeit in Skara Brae (52 Alfred Street, www.stromnessmuseum.co.uk; April–Okt. tgl. 10.00–17.00, sonst Mo.–Sa. 11.00 bis 15.30 Uhr). Bühne zeitgenössischer Kunst ist das **Pier Arts Centre** (28 Victoria Street, www.pierartscentre.com; Di.–Sa. 10.30–17.00 Uhr).

ERLEBEN

Scapa Scuba Diving (www.scapascuba.co.uk), The Diving Cellar (www.scapaflowdiving.com) und John's Diving Charters (www.scapaflow.com) organisieren **Tauchfahrten** nach Scapa Flow.

UMGEBUNG

Pflicht ist der Besuch von **The Heart of Neolithic Orkney TOPZIEL** (Ness of Brodgar, 8 km östl. von Stromness; www.orkneyjar.com) mit dem Ring of Brodgar (2700 v. Chr.), den Stones of Stennes (3100 v. Chr.), dem Kammergrab Maes Howe (3000 v. Chr.; Führungen ab Skara Brae 10.00, 12.00 und 14.00 Uhr) und dem Steinzeitdorf Skara Brae (3100–2500 v.Chr.; Sommer tgl. 9.30–17.30 Uhr, Winter kürzer) samt dem 1620 erbauten Herrenhaus Skaill House – das Tigerfell im Salon erinnert sehr an die Filmkomödie „Dinner for One". Im Juli und Aug. wird am 2002 entdeckten Structure Ten gegraben – erst 10 % seiner umfriedeten Häuser und Tempel sind freigelegt (www.orkneyjar.com).

Das **Orkneyinga Saga Centre** in **Orphir** widmet sich der mittelalterlichen Wikingersaga, die die Eroberung Orkneys zum Thema hat (1 Gyre Road; tgl. 9.00–17.00 Uhr). Herrliche

Tipp

Burra Bears

Sie haben alle einen Namen und eine persönliche Geschichte: die handgemachten Teddys von Wendy Inkster aus recycelten Shetlandpullis mit farbenfrohem Fair-Isle-Muster. Beliefert werden Bärenfreunde in aller Welt. Als 2013 der Sohn von Prinz William und Kate geboren wurde, zog auch ein kleiner Burra-Bär ins Kinderzimmer von HRH Prince George.

INFORMATION

Burra Bears, Meadows Road, Houss, East Burra, Shetlands, www.burrabears.co.uk

Reihenhaus der Steinzeit: Skara Brae (links). Cantick Head Leuchtturm (rechts oben). Rätsel der Vorzeit: Ring of Brodgar (rechts unten)

Wanderungen und Klettertouren versprechen die Sandsteinklippen von **Yesnaby** (nördl. von Stromness) und **Marwick Head,** wo Hunderttausende von Seevögeln brüten.

ISLANDHOPPING

Alternativ zur Fähre (www.aferry.de) fliegt Loganair von Insel zu Insel (www.loganair.co.uk). Wahrzeichen der Insel **Hoy** (südl.) sind mächtige Sandsteinklippen am St. John's Head, die bei Sonnenuntergang glutrot leuchten. Am Sockel der Felsnadel des Old Man of Hoy bricht sich die schäumende Brandung.

North Ronaldsay hat außer Seetang fressenden Schafen ein Bird Observatory samt € **Guest House** (www.nrbo.co.uk). **Westray** und **Papa Westray** trennen nur 2,7 km und laut Guinnessbuch der Rekorde der kürzeste Linienflug der Welt. Planmäßig dauert der Kurztrip zwei Minuten, mit Rückenwind 47 Sekunden. Die Inselbewohner haben sich Fairtrade auf die Fahne geschrieben und kümmern sich genossenschaftlich um Naturschutz und die Steinzeithäuser des Knap of Howar (3700–3100 v. Chr.; www.papawestray.co.uk).

INFORMATION

s. Kirkwall

❸ Lerwick/Shetland

Das lebendige, im 17. Jh. gegründete Städtchen (7000 Einw.) ist Herz der Hauptinsel und Heimat von einem Drittel aller Shetländer, die nur 13 der 100 Inseln bewohnen. In Sichtweite vom Fährterminal künden riesige Kräne vom Geschäft mit dem Öl, das seit 1971 gefördert wird. Denn ihren Wohlstand verdanken die Inseln 30 Ölfeldern. Sie heißen Cormorant, Brent oder Tern, wie die Seevögel – 1993 fielen Zehntausende der Havarie des Tankers „Braer" zum Opfer. Pipelines pumpen das Nordseeöl nach Sullom Voe (www.bp.com), von wo es Supertanker in alle Welt bringen. Die Öl- und Gasfelder bescherten Shetland seit den 1970ern neue Straßen, Häuser, Jobs. Aber die Tage des Öl-Zeitalters sind gezählt. Seit 2016 speist im Bluemull Sund vor Yell das erste Gezeitenkraftwerk Strom ins schottische Netz. Vor dem Öl waren Walfang und Heringsfischerei vorrangige Erwerbsquellen. Fjorde (Voes) und Buchten, weiße Strände und dramatische Felsklippen prägen das baumlose Mainland.

SEHENSWERT

Am Hafen von Lerwick lohnen das **Kulturzentrum Mareel** (www.mareel.org) und das **Shetland Museum** zur Inselgeschichte (www.shetlandmuseumandarchives.org.uk; Mo.–Sa. 10.00 bis 16.00, So. 12.00–17.00 Uhr). Wie die berühmten Pullis entstehen, zeigt das **Shetland Textile Museum** (Böd of Gremista, www.shetlandtextilemuseum.com; Di.–Sa. 12.00 bis 17.00 Uhr, Shop mit Wollwaren der Inseln). Das **Scalloway Museum** in der alten Inselhauptstadt berichtet u. a. vom „Shetland Bus", einer geheimen Bootsverbindung, mit der norwegische Widerstandskämpfer im Zweiten Weltkrieg in Sicherheit gebracht wurden (Castle Street, Scalloway, www.scallowaymuseum.org; Mitte April–Sept. tgl. 11.00–16.00, So. 14.00 bis 16.00 Uhr). 40 km südl. beim Flughafen Sumburgh präsentiert der **Jarlshof** einen piktischen Rundturm (Broch), Langhäuser der Wikinger und den Landsitz der berüchtigten Stewart-Grafen aus dem 16. Jh. (www.shetland-heritage.co.uk tgl. 9.30–17.30 Uhr).

Meterhoch und mächtig ragen auf North Roe die Steilklippen von **Eshaness** aus dem Meer. Unterhalb vom 1929 errichteten Leuchtturm, in dessen Leuchtturmwärterhaus sechs Personen selbst versorgt unterkommen können (€ Eshaness Lighthouse, www.shetlandlighthouse.com) nisten Hunderttausende Papageientaucher.

HOTELS UND RESTAURANTS

Zum €€€€/€€€ **Busta House** gehören 22 stilvolle Zimmer, im **Pitcairn Room** steht Seafood vom Feinsten auf der Karte (Busta, Brae, Mainland ZE2 9QN, Tel. 01806 52 25 06, www.bustahouse.com). €€ **Herrislea House Hotel** hat neun helle Zimmer; im **Phoenix Restaurant** reizt das Lachsfilet mit Riesengarnelen (Veensgarth, Tingwall ZE2 9SB, Tel. 01595 84 02 08, www.herrisleahouse.co.uk). Das 100 Jahre alte €€ **South Ness House** begeistert mit King-Size-Betten und Blick aufs Meer (27 Twageos Road, Lerwick ZE1 0BB, Tel. 07468 41 88 32, www.southnesshouse.co.uk). Günstig, authentisch und meist schön gelegen sind die neun **Camping Böds** in ehemaligen Fischercottages – Schlafsack mitbringen (www.camping-bods.com).

ERLEBEN
An den Brauch der Wikinger, ihren Häuptling samt Langschiff im Feuer zu bestatten, erinnert das **Up Hella Aa**: Lerwick veranstaltet im Jan. den größten Fackelzug (s. auch S. 64), aber ähnliche Feuerfeste finden auf den Shetlands den ganzen Winter statt – 2015 stellte Lesley Simpson den ersten weiblichen Wikinger-Häuptling.
Shetländer sind Meister der **Fiddlemusik**, einem Mix aus nordischen Volksliedern, schottischen Tänzen und Einflüssen von Irland bis Nordamerika. Fiddlesessions veranstaltet in Lerwick die **Lounge Bar** (4 Mounthooly Street, Tel. 01595 69 22 31). Ende April wird das **Shetland Folk Festival** gefeiert, Anfang Aug. das **Fiddle Frenzy** und im Okt. das Shetland **Accordian & Fiddle Festival**.

EINKAUFEN
Die molligen **Shetlandpullis** nach traditionsreichen Mustern werden noch in Heimarbeit gestrickt. Der **Arts & Crafts Trail** führt zu Ateliers von Künstlern und Kunsthandwerkern der Inseln (www.shetlandartsandcrafts.co.uk). Hochwertige Wollwaren direkt vom Hersteller vertreibt das **Shetland Warehouse** (60 Commercial Street, Lerwick, www.shetlandknitwear.com). Trends präsentiert die **Shetland Wool Week** im Okt. (www.shetlandwoolweek.com).

ISLANDHOPPING
Knapp 13 m hoch ist der eisenzeitliche Broch an der Westküste von **Mousa** (Moorinsel), Schottlands höchster doppelwandiger Wohnturm der Pikten (Fähre von Sandwick). Hunderttausende von Seevögeln nisten auf **Noss** (östl. von Bressay; Vorsicht vor angriffslustigen Raubmöwen im Inselinnern), und auf **Unst** ganz im Norden des Archipels an den dramatischen Gneisklippen bei Hermaness mit Blick zum Leuchtturm Muckle Flugga (1858), dem nördlichsten Punkt Großbritanniens. Unst bietet auch die nördlichste Brauerei (www.valhallabrewery.co.uk) und die ausgefallenste Bushaltestelle des Landes mit Sofa, Tisch und Topfpflanzen (A 968 bei Baltasound, www.unstbusshelter.shetland.co.uk).
Auf **Foula** ganz im Westen lassen sich Skuas, Eissturmvögel und Basstölpel beobachten.
Die bunten Strickmuster der **Fair Isle** ganz im Süden sind berühmt, handgestrickte Pullover, Schals und Mützen Exportartikel Nr. 1. Ornithologen lieben das sturmumtoste Eiland für die Artenvielfalt an See- und Zugvögeln (www.fairisle.org.uk).

INFORMATION
Lerwick iCentre, Market Cross, Lerwick ZE1 0LU, Tel. 01595 69 34 34, www.visitscotland.com, www.shetland.org

---

ORKNEYS UND SHETLANDS
114 – 115

Genießen   Erleben   Erfahren

Schwertwale, Seevögel und Shetlandponys

DuMont Aktiv

Orcas, die vor der Küste arktische Kegelrobben jagen, Otter beim Familienausflug, Skuas, Eissturmvögel und Tordalken, die über dramatischen Steilklippen kreisen – Touren mit Shetland Nature sind ein Erlebnis.

Geduldig erklärt Brydon Thomason, wie man die Spuren der Otter liest, warum man auf den Wind achten muss und in welchen Buchten die Weibchen mit dem Nachwuchs fischen gehen. Zum Programm von Shetland Nature gehören das atemberaubende Kap Sumburgh Head und die Vogelinseln Unst, Noss und Fetlar, wo Hunderttausende von Raubmöwen, Basstölpeln, Trottellummen und „Puffins" brüten, wie die putzigen Papageientaucher heißen.

Kurze Beine, dichte Mähne und ein weiches Fell sind Kennzeichen der struppigen Shetlandponys, die das ganze Jahr draußen im Freien leben. Vermutlich gab es sie schon zu Zeiten der Wikinger. Im 19. Jh. dienten die zähen Shetties als Zugpferde in den walisischen Kohlegruben und zogen die Pflüge der Crofter. Heute sind die geduldigen Pferdchen vor allem Liebling der Kinder und Ponywandern steht hoch im Kurs. Zu den besten Züchtern der robusten Kraftpakete gehören Tommy und Mary Isbister. Auf ihrer Farm am Burland Croft Trail leben auch shetländische Hühner, Rinder und Schafe. Tommy baut außerdem Geigen und restauriert alte Holzboote. Ausritte mit Islandpferden am Strand und über die Insel Burra können bei Houlls Horses & Hounds gebucht werden.

Informationen

Walk on the wild side: Geführte Touren mit Shetland Nature, Tel. 01957 71 00 00, www.shetlandnature.net. **Farmleben:** Burland Croft Trail, Trondra, www.shetlandponiesfromshetland.com; Juni–Sept. Mo.–Sa. 11.00–17.00 Uhr.
Ponyreiten: Houlls, Bridge-End, Burra, Tel. 01595 85 92 87, www.houllshorsesandhounds.co.uk

Hinaus geht es auf den Loch Lomond (links). Westküsten-Impressionen: Schafe und Stornoways farbenfrohes Zentrum auf der Hebrideninsel Lewis (rechts unten)

Service

Keine Reise ohne Planung. Auf den folgenden Seiten sind Wissenswertes und wichtige Informationen für einen reibungslosen Schottland-Urlaub zusammengestellt.

An- und Einreise

Mit dem Flugzeug: Schnellste und günstigste Anreise nach Schottland sind Flüge. Edinburgh und Glasgow werden von EasyJet, Eurowings, Lufthansa, Ryanair und Flybe direkt angeflogen, Aberdeen von der Lufthansa. Inverness wird mit Zwischenstopp von British Airways, Airberlin und KLM bedient. LowCost Carrier landen in Prestwick südlich von Glasgow. Loganair fliegt zu den Äußeren Hebriden, den Orkneys und Shetlands.

Mit dem Auto, Fähren & Fernbussen: Autofahrer können wählen zwischen dem Eurotunnel von Calais nach Folkestone (www.eurotunnel.com) oder den Fähren von Holland, Belgien oder Frankreich nach Südengland – im Sommer frühzeitig reservieren! Wer sich die Fahrt durch England sparen möchte, nimmt am besten eine der Autofähren von DFDS, die zwischen Amsterdam und Newcastle verkehren. Newcastle liegt nur 90 km von der schottischen Grenze entfernt. Es gibt tägliche Abfahrten. Man reist entspannt über Nacht und kommt ausgeruht am nächsten Morgen an (www.dfds.de). Fähren von Caledonian MacBrayne befördern Passagiere, Fahrräder und Fahrzeuge zu den Inneren und Äußeren Hebriden vor der Westküste (Reservierung empfohlen; www.calmac.co.uk). North Link und Pentland Ferries verbinden das Festland mit den Orkneys und Shetlands (www.aferry.de). Die Internetseite www.checkmybus.de informiert über Fernbusverbindungen. Die Busse von National Express, Scottish Citylink und Stagecoach haben ein dichtes Streckennetz, der Citylink von Edinburgh nach Glasgow braucht nur 50 Min. Extraklasse und Superservice garantieren Reisen mit dem kleinen Luxusliner „Hebriden Princess" (www.hebridean.co.uk).

Mit der Bahn: Alle Zugverbindungen vom Festland nach Schottland führen über London. Man kommt in Victoria Station an, fährt mit der U-Bahn nach King's Cross Station und von dort in 4,5 Std. nach Edinburgh oder von London Euston nach Glasgow. Im Schlafwagen erreicht man von Euston Station Aberdeen, Edinburgh, Fort William, Glasgow und Inverness. Ab Köln saust der Hochgeschwindigkeitszug Thalys nach Brüssel bzw. Paris, wo man in den Eurostar nach London umsteigen kann.
Zwischen größeren Städten pendeln Intercityzüge. Schottland per Bahn zu bereisen, ist eine landschaftlich sehr reizvolle Alternative. Der Spirit of Scotland Travel Pass für alle Züge mit Ermäßigungen für Fähren und Busse lässt sich für 4 oder 8 Tage buchen (www.scotrail.co.uk). Luxus auf dem Schienenweg bietet der Zug „Belmond Royal Scotsman" (www.belmond.com). Nextbike (www.nextbike.co.uk) und Bike & Go (www.bikeandgo.co.uk) vermieten an Bahnhöfen Leihräder.

Info
Reisedaten

Ortszeit: Minus 1 Std. zur MEZ
Sprache: Alle Schotten sprechen Englisch, ein Drittel Scots und etwa ein Prozent Gälisch (Gàidhlig), eine im Ursprung keltische Sprache.
Währung: Britisches Pfund; 1 € = 0,85 GBP (Stand Juni 2017)

Mit dem Taxi: Taxis – meist nostalgische Black Cabs – werden herangewunken. Ob sie frei sind, zeigt das erleuchtete Schild „For Hire".
Reisedokumente: Für das Vereinigte Königreich reicht ein gültiger Personalausweis oder Reisepass. Autofahrer sollten die Grüne Versicherungskarte mitnehmen.
Elektrizität: Die Netzspannung beträgt 240 Volt. Für die britischen Dreipolsteckdosen benötigt man einen Adapter.

Auskunft

VisitScotland: Das Schottische Fremdenverkehrsamt (3 Princes Street, Edinburgh, Tel. 0131 473 38 68, www.visitscotland.com) ist Anlaufstelle für alle Informationen zu Reisezielen, Aktivitäten, Unterkünften und Events. In jedem touristisch relevanten Ort gibt es ein Informationsbüro. Der schottische Akzent ist mitunter gewöhnungsbedürftig, die Gastfreundlichkeit einfach unübertroffen.
Viele Burgen, Schlösser und historische Stätten stehen unter der Schirmherrschaft des **National Trust for Scotland** (www.nts.org.uk) oder von **Historic Environment Scotland** (www.historicenvironment.scot). Inhaber des Explorer Pass und Discover Ticket haben freien Eintritt.
Internet: Die offizielle Seite, die auch auf Deutsch über das Land informiert, ist www.visitscotland.com. Kompaktes Wissen und

Briten lieben VW-Busse in jedweder Ausführung: Camper am Loch Dughai

Preiskategorien

€ € € €	Hauptspeisen	über 50 £
€ € €	Hauptspeisen	30–50 £
€ €	Hauptspeisen	20–30 £
€	Hauptspeisen	10–20 £

Expertentipps bietet www.schottlandberater.de, Hintergrundinformationen, auch über Studium und Arbeit, www.scotland.org. Der Spezialist für Whiskyreisen und Törns mit Großseglern ist www.reisekultouren.de, für besondere Boutiquehotels und Golfreisen www.luxury-scotland.co.uk, für Veranstaltungshinweise und Tickets www.ticketmaster.co.uk. Aktuelles zu Politik, Wirtschaft und Sport ist auf www.scotsman.com zu lesen.

Autofahren

Es herrscht **Linksverkehr**, die Beschilderung ist gut und das Fahren unaufgeregt. Die Buchung eines **Mietwagens** ist in der Regel vorab per Internet günstiger, Navigationsgeräte gibt es gegen Aufpreis. Der Fahrer muss mindestens 21 Jahre alt sein.
Außerhalb der Städte sind die Straßen oft schmal, im Hochland und auf den Inseln bisweilen nur einspurig mit **Ausweichstellen** – Warten gehört zur fundamentalen Höflichkeit. In abgelegenen Regionen sind Tankstellen seltener, und nicht alle akzeptieren Kartenzahlung. In ländlichen Gebieten ist Vorsicht wegen freilaufender Schafe geboten. Straßenschilder und Geschwindigkeitsbegrenzungen sind in **Meilen** angeschrieben (1 m = 1,6 km). Die **Höchstgeschwindigkeit** beträgt in Orten 30 mph (48 km/h), auf Landstraßen 60 mph (97 km/h), auf Autobahnen und doppelspurigen Straßen 70 mph (113 km/h). In und um die großen Städte und auf Hauptverbindungsstraßen wimmelt es nur so von Blitzkästen, und auch Parkwächter machen fleißig ihren Job. Verstöße sind spürbar teurer als in Deutschland. Es gelten Anschnallpflicht für alle Insassen und die 0,5-Promille-Grenze.

Essen und Trinken

Der schottische Tag beginnt mit einem reichhaltigen **Breakfast** mit Corn Flakes, Müsli oder Porridge, der in Schottland gern gesalzen gegessen wird. Danach folgen Eier mit Speck oder Schinken, Würstchen und würzige Grützwurst (White/Black Pudding), Tomaten und Pilze, weiße Bohnen, geräucherter Hering (Kipper) oder Schellfisch (Haddock). Kaffee, Tee und Toast mit Butter und Marmelade (Jam) oder Bitterorangenkonfitüre (Marmalade) runden das Frühstück ab. Der **Lunch** zwischen 13.00 und 14.00 Uhr besteht meist nur aus einem Snack, Sandwich, Salat, Lasagne, Curry oder Stew. Viele Restaurants bieten mittags ein preiswertes 2-Gänge-Menü. Fast immer empfiehlt sich die hausgemachte Tagessuppe. Fester Bestandteil der britischen Lebensart ist der **Afternoon Tea** zwischen 16.00 und 17.00 Uhr. Stilecht kommt er mit knusprigen Scones mit Erdbeermarmelade und Clotted Cream, Shortbread, Kuchen und Sandwiches. Hauptmahlzeit ist das **Dinner** ab 19.00/20.00 Uhr. Nach 21.30 Uhr werden meist keine Bestellungen mehr entgegengenommen. Späten Hunger stillen zahlreiche internationale Restaurants, und auch Fish & Chips Shops haben häufig bis nach Mitternacht geöffnet. Nationalgericht ist der **Haggis** aus den Innereien eines Schafs (s. auch S. 96). Die Hühnersuppe **Cook-a-Leekie** und die gehaltvolle Fischsuppe **Cullen Skink** sind perfekt für kalte Wintertage. In den Fischfarmen vor der schottischen Westküste hält die Gezeitenströmung die begehrten Lachse in Bewegung; fangfrisch kommen sie in eine Marinade aus braunem Zucker, dunklem Rum und Salz, bevor sie in Steinöfen über Spänen alter Whiskyfässer schonend geräuchert werden – etwas Besseres lässt sich kaum finden. Klassiker sind

Daten & Fakten

Geografie und Natur: Schottland umfasst mit einer Fläche von 78 783 km² das nördliche Drittel Großbritanniens. Gegliedert ist Schottland in die hügeligen Southern Uplands im Süden, die zentrale Senke der Lowlands mit Glasgow und Edinburgh an den beiden Mündungsfjorden von Clyde und Forth, die gebirgigen Highlands im Norden mit dem Ben Nevis (1345 m) als höchstem Berg des United Kingdom, die der Westküste vorgelagerten rund 500 Inseln der Inneren und Äußeren Hebriden und die Orkney und Shetland Islands als nördliche Ausläufer.
Bevölkerung und Verwaltung: Heute leben in Schottland 5,3 Mio. Menschen (von 63 Mio. in UK). Schottland ist Teil des Vereinigten Königreichs Großbritannien und Nordirland, einer parlamentarischen Monarchie mit Königin Elizabeth II. als Staatsoberhaupt. 1999 erhielten die Schotten in der Hauptstadt Edinburgh wieder ein eigenes Parlament mit begrenzten Befugnissen. Seit 2007 regiert die Scottish National Party (SNP). First Minister ist Nicola Sturgeon. Ein Drittel der Schotten bekennen sich zur presbyterianischen Church of Scotland, ein Viertel zur Katholischen Kirche oder anderen christlichen Glaubensgemeinschaften, knapp zwei Prozent sind Muslime.
Der 2017 angekündigte harte Brexit der Briten sieht nicht nur einen Austritt aus der Europäischen Union, sondern auch aus dem europäischen Binnenmarkt und der Zollunion vor. Wie die neuen Freihandelsabkommen aussehen werden, weiß bis dato niemand. In Schottland mehren sich aber die Stimmen für eine Unabhängigkeit von Großbritannien, um in der EU verbleiben zu können.
Wirtschaft und Tourismus: Dienstleistungen machen über 70 % der gesamten Wirtschaftsleistung aus. Edinburgh ist zweitwichtigstes Finanzzentrum Großbritanniens. Schottlands Bevölkerung ist gut ausgebildet, die Universitäten zählen zu den besten der Welt mit wichtigen Zentren für Hightech und Life Sciences. Noch 30 Jahre, schätzen Experten, wird das Nordseeöl sprudeln – doch längst sind erneuerbare Energien das erklärte Ziel; bis 2030 will Schottland sich komplett mit Ökostrom versorgen. Die Exporte der Lebensmittelindustrie übersteigen inzwischen die Ölausfuhren. Drei Viertel der Gesamtfläche werden landwirtschaftlich genutzt, über die Hälfte davon als Viehweiden. Schottische Schafe und Rinder genießen einen ausgezeichneten Ruf. Der hochbesteuerte Scotch ist ein globaler Bestseller und Exportartikel Nr. 1. Touristen lieben die besonderen Naturerlebnisse im Norden Europas. Staatliche Förderung und gezielte Werbung sollen die Zahl von 14 Mio. Besuchern pro Jahr weiter nach oben schrauben.

Outdoor-Paradiese: mit dem Kajak am Loch Insh paddeln (links oben) oder wandern durch Glen Coe (links unten)

St. Andrews Old Golf Course gehört zu den ältesten und renommiertesten der Welt

auch geschmorte **Lammkeule** und **Scotch Beef Stew,** ein deftiger Eintopf mit Angusrind oder Highland Cattle. Schon die Wikinger aßen den krümeligen **Crowdie-Käse** mit Hafermehlkeksen. Ein starkes Stück Schottland ist der Blauschimmelkäse **Lanark Blue.** Für den himmlischen **Cranachan** werden Himbeeren, geröstete Haferflocken und eine Honig-Whisky-Sahne-Mischung geschichtet.

Schotten trinken gerne **Bier,** und zwar meist ein bis zum Rand gefülltes Pint (0,568 l) oder „A Half Pint", wenn der Durst nicht allzu groß ist. Ales schmecken spritzig-fruchtig, Real Ales reifen im Fass ein zweites Mal und werden mit der Handpumpe ins Glas befördert. Dunkel und malzbetont sind die Stouts mit sahnig-weißem Schaum wie das irische Guinness. Das meistverkaufte Lager wird seit 1885 von Tennent Caledonian Breweries in Glasgow gebraut. Immer populärer ist das Craft Beer junger Mikrobrauereien wie BrewDog (www.scottishbrewing.com). Der zuckersüße Softdrink **Irn-Bru,** der seit 1901 aus 32 Aromen hergestellt wird, ist in Schottland bis heute beliebter als Coca Cola oder Red Bull.

Restaurant-Empfehlungen sind auf den Infoseiten der jeweiligen Kapitel aufgeführt.

Info

Geschichte

7000–5000 v. Chr. Jäger und Sammler bringen aus dem Mittelmeerraum Kenntnisse zu Ackerbau und Viehzucht mit.
650 v. Chr. Keltische Stämme wandern vom Kontinent kommend ein.
80–410 Die Römer versuchen vergeblich, Schottland zu erobern. Hadrians- und Antoniuswall markieren die römische Nordgrenze.
5./6. Jh. Christianisierung Schottlands durch St. Ninian und St. Columban.
Ende 8. Jh. Raubzüge der Wikinger nehmen massiv zu. Wikinger lassen sich an der Westküste und auf den Inseln nieder.
843 Der Piktenherrscher Kenneth MacAlpin vereint Pikten und Skoten zum Königreich Alba (Schottland).
Um 1300 Unabhängigkeitskriege gegen englische Angriffe Edwards I. 1297 siegt William Wallace (Braveheart) in der Schlacht von Stirling. 1314 schlägt Robert the Bruce die Engländer bei Bannockburn und erklärt Schottland für unabhängig, 1320 besiegelt mit der Declaration of Abroath.
1513 Verheerende Niederlage gegen die Engländer bei Flodden Field.
1542 Die Krone geht an die minderjährige Maria Stuart (1542–1587), die nach Exil in Frankreich 1561 nach Schottland zurückkehrt und 1567 zugunsten ihres Sohnes abdanken muss. Ihre Cousine Elisabeth I. lässt sie nach 19 Jahren Haft in England enthaupten.
1560 John Knox vollendet die Reformation, Schottland wird presbyterianisch.

1603 Union of the Crowns. James VI. von Schottland wird als James I. des Vereinigten Königreichs gekrönt.
1688 Die Glorreiche Revolution bringt Wilhelm von Oranien auf den Thron – Beginn der Jakobitenaufstände zur Restauration der Stuart-Linie.
1692 Beim Massaker von Glencoe töten die Campbells in königlichem Auftrag 38 Mitglieder der MacDonalds; wohl zehnmal so viele sterben auf der Flucht in den winterlichen Bergen.
1707 Union of Parliaments. Auflösung des schottischen Parlaments, die Geburtsstunde von Great Britain.
1745/1746 Die letzte Rebellion unter Bonnie Prince Charlie endet mit der blutigen Niederlage bei Culloden. In der Folge wird die Herrschaft der Hochland-Clans zerschlagen.
18./19. Jh. Das goldene Zeitalter der schottischen Aufklärung mit Dichtern und Denkern wie dem Philosophen David Hume, dem Begründer des freien Marktes Adam Smith, dem Erfinder James Watt und der Architektenfamilie Adam. Humanistische und rationale Grundsätze rücken in den Fokus, Dampfmaschine, Fahrrad und Telefon werden erfunden.
Ende 18./Anf. 19. Jh. Clearances. Die großflächige Vertreibung der Landbevölkerung aus den Highlands zugunsten der Schafzucht bedeutet das Ende des Clansystems. Massenauswanderung, Industrialisierung und Urbanisierung der Lowlands sind die Folge.
1822 Der Besuch König Georgs IV. in Edinburgh wird unter der Regie von Sir Walter Scott

zum Historienfest und zur Wiedergeburt von Clan, Tartan und Kilt – in seinen Bestsellern erfindet Scott das romantische Bild vom Sehnsuchtsort Schottland.
1920er/1930er-Jahre Schottische Kulturrenaissance um den kontroversen Schriftsteller Hugh MacDiarmid.
Ab 1970 Orkneys und Shetlands werden Standorte des britischen Nordseeöls; Schottland beziffert seinen Anteil daran auf 90 %.
1999 Erstmals seit 1707 gibt es wieder ein schottisches Parlament; die ersten Wahlen gewinnt die Labour Party.
2011 Die Scottish National Party (SNP) und First Minister Alex Selmond erhalten die absolute Mehrheit im schottischen Parlament.
2014 Commonwealth Games in Glasgow. In einem Referendum stimmen 55,3 % der Schotten für den Verbleib im Vereinigten Königreich. Nicola Sturgeon wird erste Regierungschefin Schottlands.
2016 Die Nationalisten mit Nicola Sturgeon liegen bei den Parlamentswahlen mit 63 von 129 Sitzen erneut vorn. Ende Juni stimmen die Briten mit knapper Mehrheit für den Austritt aus der Europäischen Union.
2017 Premierministerin May kündigt einen harten Brexit an, der ein Ausscheiden aus dem EU-Binnenmarkt und der Zollunion vorsieht. Auch wenn die Entscheidung dafür in London liegt, stimmt das schottische Parlament für ein neues Referendum zur Unabhängigkeit von Großbritannien, das Ende 2018/Anfang 2019 stattfinden soll – noch vor Ende des Brexit.

Die Preiskategorien beziehen sich auf ein Hauptgericht.
Sofern nicht in der Rechnung enthalten, wird ein **Trinkgeld** von 10–15 % gegeben – in Pubs jedoch nur bei Tischbedienung, an der Theke gibt es kein Trinkgeld!

Geld und Post

In Schottland wird mit **Pfund Sterling** (1 £ = 100 Pence) bezahlt. **Banknoten** sind im Wert von 5, 10, 20 und 50 £, **Münzen** im Wert von 1 und 2 £ sowie 1, 2, 5, 10, 20 und 50 Pence im Umlauf. Neben der Bank of England sind auch die Bank of Scotland, Royal Bank of Scotland und Clydesdale Bank berechtigt, eigene Banknoten herauszugeben.
An **Geldautomaten** lässt sich mit EC- und Kreditkarte problemlos Geld abheben. Gängige Kreditkarten werden von Hotels, Restaurants und Shops akzeptiert. **Banken** sind Mo.–Fr. 9.00–17.00 Uhr geöffnet.
Briefmarken (Stamps) für Postkarten und Briefe bis 20 g nach Europa kosten £ 1.05 (www.royalmail.com). Briefkästen sind rot.

Gesundheit

Die **Krankenhäuser** des National Health Service (NHS) und die meisten **Ärzte** akzeptieren die Europäische Versicherungskarte.
Apotheken (Chemist, Pharmacy) sind oft Abteilungen einer Drogerie.

Notruf

Polizei, Krankenwagen, Feuerwehr Tel. 999

Öffnungszeiten

Geschäfte dürfen rund um die Uhr geöffnet sein, die meisten haben Mo.–Sa. 9.00–17.30/18.00 Uhr offen. In größeren Städten und an Topzielen haben viele Läden bis spätabends geöffnet, im Sommer auch sonntags.

Reisezeit

Das schottische Wetter ist wechselhaft – vier Jahreszeiten an einem Tag sind durchaus möglich. Die Sommer sind mild mit durchschnittlichen 21 °C, die Winter kühl und regenreich. Minusgrade werden eigentlich nur in den Highlands gemessen. Warme, wetterfeste Kleidung gehört immer ins Gepäck. Mai, Juni und Sept. ist das Wetter meist gut, alle Attraktionen haben offen, doch drängen sich weniger Besucher vor den Sehenswürdigkeiten. Farbenprächtig ist der Frühling, wenn die Ginster- und Rhododendronblüte ganze Landstriche in ein Blütenmeer verwandeln. Im Sommer begeistern viele Events von Edinburghs berühmten Festivals bis zu den Highland Games. Warme Farbtöne überziehen im stillen Spätherbst Wälder und Moore, die zu unvergesslichen Ausflügen in die Highlands einladen.

Souvenirs

Wollwaren und Kunsthandwerk, junges Design und edle Düfte bringen den Urlaub nach Hause. Teetrinker können zwischen erlesenen Sorten wählen. Dazu passen Shortbread und Oatcakes, hausgemachte Schokolade, sahnige Fudges oder Pralinen. Vielerorts werden Marmeladen und Chutneys nach altem Hausrezept angeboten. Auch wenn der Scotch hoch besteuert ist, werden Whiskyfreunde gerne einen ausgefallenen Single Malt mitnehmen (s. auch S. 80). Die Erstattung der Mehrwertsteuer (VAT) von 20 % ist bei Tax Free-Geschäften möglich (Foreign Exchange Tax Free Shopping).

> **Tipp**
>
> ## Zum Weiterlesen
>
> Theodor Fontane erfüllte sich 1858 einen Jugendtraum und reiste nach Schottland. Begeistert erzählt **Jenseit des Tweed** von Landschaften und Begegnungen, verschweigt aber auch Enttäuschungen nicht.
> Als die junge Engländerin Claire in einen schottischen Steinkreis tritt, wird sie in die Zeit des Jakobitenaufstandes 1745 versetzt, wo sie den Highlander Jamie kennen und lieben lernt. Diana Gabaldons **Outlander – Feuer und Stein** war erster von acht Bänden der Highland-Saga, in Schottland als TV-Serie „Outlander" verfilmt (Karte mit Drehorten unter www.visitscotland.com).
> Als die Leiche einer jungen Frau im Kelvingrove Park gefunden wird, beginnt für Detective Jack Laidlaw ein Wettlauf mit der Zeit. Glasgow, wie es einmal war, dreckig, gefährlich. William McIlvanneys **Laidlaw** beschreibt Glasgow so genau, dass man fast keinen Stadtplan mehr braucht.
> Vor Jahren wurde eine junge Bankiersgattin nach einem Seitensprung im Hotel tot aufgefunden, der Täter nie gefasst. Rebus vergräbt sich in die alten Akten. Auch in Ian Rankins **Ein kalter Ort zum Sterben** schlummert das Böse in Edinburgh unter einer schönen Oberfläche, sind Upper Class und Unterwelt eng verflochten. Ihr Bier trinken Rebus und Rankin übrigens gern in der „Oxford Bar" an der Young Street.
> Madeleine Reinckes **Schottland** ist ein Baedeker-Reiseführer, der Lust auf Land und Leute macht, mit vielen guten Tipps und allen Highlights von der Hauptstadt bis zu den Hebriden.
> Irvine Welshs **Trainspotting**, Kultbuch der „chemical generation" in der Vorstadthölle Edinburghs, wurde 1996 mit Ewan MacGregor verfilmt. 2017 übernahm Danny Boyle erneut die Regie für „T2 Trainspotting", wieder mit McGregor, und Robert Carlyle.
> Anwältin Josefine lebt strikt nach Plan, bis sie kurz vor der Hochzeit ihren Brautring retten und dafür nach Schottland reisen soll. Mehr als einmal muss der sympathische Konditor Aidan ihr dabei aus der Patsche helfen ... Claudia Winters **Glückssterne** ist ein romantischer Gute-Laune-Urlaubsschmöker.

Schottlands wohl bekanntestes Postkartenmotiv: Eilean Donan Castle am Loch Duich

SERVICE

Sport & Aktivitäten

Angeln: Angler stehen meist mit Fliegenrute im Fluss. Tay, Tweed, Spey und Dee sind für Forellen (Saison März–Sept.) und Lachse bekannt (Saison Jan.–Okt.). In den wärmeren Monaten werden vor der Westküste Makrele, Meeräsche und Wolfsbarsch gefangen (www.fishing-scotland.net).
Golf: Die Geburtsstätte des Golfsports besitzt landesweit atemberaubende Plätze (s. auch S. 55).
Jagen: Jagen ist in Schottland deutlich teurer als in Deutschland – und anstrengender. Auf der Pirsch müssen Jäger oft mühsam durchs Heidekraut kriechen, um auf Schussweite heranzukommen. Rotwild wird Mitte Aug.–Mitte Okt. geschossen, Fasan und Rebhuhn bis Mitte Dez. (http://countrysportscotland.com).
Radfahren: Idyllisch, wenn auch nicht ohne Hügel sind Radtouren durch die Scottish Borders (s. auch S. 37). Auf der Internetseite www.cycle-n-sleep.co.uk findet man Langstreckenradwege mit Tipps zum Übernachten.
Reiten: Ponyreiten, Strandgalopp oder Wanderritte auf einsamen Wegen in herrlicher Natur machen Schottland zu einem Traumziel für Pferdefreunde (www.ridinginscotland.com).
Wandern: Schottlands Natur verspricht Wanderungen und Klettertouren der Extraklasse. 23 Fernwanderwege erschließen das Land. Laufen Sie ein Stück auf dem Southern Upland Way zwischen West- und Ostküste (350 km, www.southernupland.com), wandern Sie in den Cairngorm Mountains, den Cuillins auf Skye oder folgen sie dem West Highland Way zum Ben Nevis (s. auch S. 87).
Wassersport: Caledonian, Crinan, Union und Forth & Clyde Canal sind beliebte Hausbootreviere (s. auch S. 69).
Nach der Schneeschmelze warten brodelnde Bergbäche auf Raftingakrobaten. Anfänger im Kanu finden auf dem River Tay und Loch Lomond gute Paddelbedingungen (www.canoehirescotland.co.uk). Die Äußeren Hebriden gehören zu den weltbesten Seekajakrevieren (www.uistoutdoorcentre.co.uk).
Windsurfen empfiehlt sich für Anfänger auf dem Loch Lomond, für Fortgeschrittene auf der Insel Tiree.
Die Hebriden haben reichlich Wellenpotenzial, allerdings bei Wassertemperaturen um die 5 °C. Schottland ist ein raues, aber traumhaft schönes Segelrevier (s. auch S. 101).
Die Wracks der kaiserlichen Kriegsflotte auf dem Meeresgrund von Scapa Flow vor Orkney sind der begehrteste Tauchspot (www.divescapaflow.co.uk).
Wintersport: Pisten aller Schwierigkeitsgrade erschließen die Skigebiete der Cairngorm Mountains, Glencoe, Glenshee und The Lecht im Royal Deeside. Eine Kabinenbahn bringt Besucher ins höchste Skigebiet Großbritanniens am Ben Nevis.

Telefon

Die berühmten roten Telefonhäuschen sind selten geworden. Öffentliche Telefone funktionieren mit Münzen (10, 20, 50 Pence, 1 £), Telefonkarte (Phonecard) oder Kreditkarte. Mobiltelefone (mobile Phone) wählen sich automatisch ins britische Partnernetz ein. 2017 wurden die Roaming-Gebühren innerhalb der EU abgeschafft.

Unterkunft

Empfehlungen sind auf den Infoseiten der jeweiligen Kapitel aufgeführt. Die angegebenen Doppelzimmerpreise beinhalten ein Frühstück.

Preiskategorien

€€€€	Doppelzimmer	über 250 £
€€€	Doppelzimmer	150–250 £
€€	Doppelzimmer	100–150 £
€	Doppelzimmer	50–100 £

Telefonzelle im Nirgendwo der schottischen Highlands: Verbindung zur restlichen Welt im Glen Spean

Register

Fette Ziffern verweisen auf Abbildungen

A
Abbotsford House 7, **10**, 11, **24, 25,** 27, **35,** 35, 37
Aberdeen **78,** 78, 87
Arran Island 37, 111
Ayr 31, 37

B
Ballater 86
Balmoral Castle 86
Bannockburn 63, 69
Ben Nevis, Berg **70, 74,** 85, **87,** 87
Benbecula 101
Blair Castle **76,** 86, 110
Braemar **64, 65,** 65, 86

C
Caerlaverock Castle **22, 23,** 36
Cairngorm National Park 7, 73, 87
Caledonian Canal 74, **75, 85,** 85
Castle Douglas 36, 110
Cawdor Castle **86,** 86
Clyde River **58,** 58, **59,** 60
Cromarty 86
Culloden 24, 48, 77, **85,** 86, 118
Culross **46,** 47
Culzean Castle **30, 31,** 37

D
Dornoch 86
Drumlanrig Castle 36
Dryburgh Abbey **24,** 27, **35,** 35
Dumfries 29, 31, 36
Dundee 47, **54,** 55
Dunnottar Castle **79,** 87
Dunrobin Castle **76, 86,** 86
Dunvegan Castle **100,** 100

E
Edinburgh 4, 7, **14–17, 20,** 20, **33,** 33, **38–40,** 40, **41–45,** 48, 48, **49, 50, 53,** 53, **54, 65,** 65, 110, 111
Carlton Hill **38, 39,** 40, 54
Charlotte Square 53
City Chambers 53
Edinburgh Castle 40, **41, 43, 53,** 53
George Street **44,** 55
Grassmarket **42, 44,** 55
Leith 43, 54
Museen 54
National Galleries of Scotland 54
National Museum of Scotland **33,** 33, 47, 54
Palace of Holyroodhouse 40, **53,** 53
Princes Street **42,** 55
Princes Street Gardens **45,** 54
Royal Botanic Gardens 54
Royal Mile 7, **14, 15, 40,** 40, **41,** 53
Scottish Parliament Building 53
St. Giles Cathedral 40, **42,** 53
Eilean Donan Castle **76,** 85

F
Falkirk **4, 56, 57,** 69
Firth of Forth **54**
Flodden Field 24, 28, 118
Floors Castle **26, 27,** 35, 37
Fort William 20, **33,** 74, 85
Forth & Clyde Canal **62, 69,** 69

G
Glamis Castle 55
Glasgow 7, 20, **21, 33, 58,** 58, **59, 60, 61,** 64, **67,** 67
Ashton Lane **67,** 68
Botanic Gardens **59,** 67
Clyde Auditorium **58,** 61
Gallery of Modern Art **61,** 67
George Square **58,** 67
Glasgow Cathedral **67,** 67
Glasgow Graffiti **60, 67,** 67
Glasgow School of Art 7, 61, 68
Hill House **68,** 68
House for an Art Lover 68
Kelvingrove Art Gallery & Museum 7, 7, **60,** 61, 67
People's Palace 67
Riverside Museum **60,** 61, 67
Science Centre 67
Scottish Exhibition & Conference Centre 59
Style Mile **61,** 68
The Burrel Collection 67
The Hunterian Art Gallery 68
The Lighthouse Designmuseum 68
Window of Mackintosh 68
Glen Nevis **75,** 85
Glencoe 21, **72, 73,** 74, 85, 87
Gretna Green **30,** 31

H
Harris, Isle of **94,** 94, **95,** 100
Highland Games **12, 13, 76, 77,** 77, 86

I/J
Inveraray Castle 99
Inverewe Gardens 86
Inverness 74, 85
Iona, Isle of **92,** 93
Islay, Isle of 80, 91, 99
John O' Groats **79,** 86

K
Kelburn Castle 37
Kelso 20, 35, **37,** 37
Kilchurn Castle **62**
Kintyre, Isle of 99
Kirkcudbright 29, 36
Kirkwall **104, 113,** 113

L
Lamb Holm **105,** 106, 113
Lewis, Isle of **94,** 94, **95,** 100
Loch Lomond 7, 63, 69, 87
Loch Ness 74

Loch Torridon 73, 86

M
Mallaig 85, **93,** 100
Malt Whisky Trail 7, 82
Melrose 27, 35, 37
Mull, Isle of **92, 99,** 99, 101

N
New Lanark **68,** 68
North Berwick **32, 46, 54**
North Coast 500 7, 86

O
Oban 99, 101
Orkney Islands 7, 7, **8, 9, 102, 103, 104, 105,** 105, **106, 107,** 111, **113, 114**

P
Perth 55
Pitlochry 21, 86
Portpatrick **36,** 36

Portree **91,** 100

S
Scapa Flow 105, **113,** 114
Selkirk 29
Shetland Islands **64,** 64, **108, 109,** 109, 114, 115
Skye, Isle of **5,** 7, **90,** 90, **91,** 96, **100,** 100, 101
Speyside 64, **82,** 82, 86
St. Abb's Head 35
St. Andrews **46,** 55
Staffa, Isle of **93, 99**
Stirling Castle **7,** 7, **63,** 63, 69
Stromness **104,** 114

T
Torridon **20,** 21
Traquair House **26,** 37
Tweed River **27,** 27, **35,** 36

U
Ullapool 86, 94

Impressum

1. Auflage 2017
© DuMont Reiseverlag, Ostfildern

Verlag: DuMont Reiseverlag, Postfach 3151, 73751 Ostfildern, Tel. 0711 45 02 0, Fax 0711 45 02 135, www.dumontreise.de
Geschäftsführer: Dr. Thomas Brinkmann, Dr. Stephanie Mair-Huydts
Programmleitung: Birgit Borowski
Redaktion: Horst Keppler
Text: Dr. Madeleine Reincke
Exklusiv-Fotografie: Peter Hirth
Zusätzliches Bildmaterial: awl-images/Danita Delimont Stock (S. 108 o., 108 u., 109), Cyclus Visuelle Kommunikation (S. 110), Fotolia (Illustration, S. 5, 55), iStockphoto (Illustration, S. 20, 87), Kinloch Lodge (S. 96), Eric Martin/Le Figaro Magazine/laif (S. 81), Madeleine Reincke (S. 33, r.o., 33 r.u., 101), Shutterstock (Illustration, S. 69. 101. 115)
Grafische Konzeption, Art Direktion: fpm factor product münchen
Layout: CYCLUS · Visuelle Kommunikation, Stuttgart
Cover Gestaltung: Neue Gestaltung, Berlin
Kartografie: © MAIRDUMONT GmbH & Co. KG, Ostfildern
Kartografie Lawall (Karten für „Unsere Favoriten")
DuMont Bildarchiv: Marco-Polo-Straße 1, 73760 Ostfildern, Tel. 0711 45 02 266, Fax 0711 45 02 1006, bildarchiv@mairdumont.com

Für die Richtigkeit der in diesem DuMont Bildatlas angegebenen Daten – Adressen, Öffnungszeiten, Telefonnummern usw. – kann der Verlag keine Garantie übernehmen. Nachdruck, auch auszugsweise, nur mit vorheriger Genehmigung des Verlages. Erscheinungsweise: monatlich.

Anzeigenvermarktung: MAIRDUMONT MEDIA, Tel. 0711 45 02 0, Fax 0711/4502-1012, media@mairdumont.com, http://media.mairdumont.com
Vertrieb Zeitschriftenhandel: PARTNER Medienservices GmbH, Postfach 810420, 70521 Stuttgart, Tel. 0711 72 52 212, Fax 0711 72 52 320
Vertrieb Abonnement: Leserservice DuMont Bildatlas, Zenit Pressevertrieb GmbH, Postfach 810640, 70523 Stuttgart, Tel. 0711 72 52 265, Fax 0711 72 52 333, dumontreise@zenit-presse.de
Vertrieb Buchhandel und Einzelhefte: MAIRDUMONT GmbH & Co KG, Marco-Polo-Straße 1, 73760 Ostfildern, Tel. 0711 45 02 0, Fax 0711 45 02 340
Reproduktionen: PPP Pre Print Partner GmbH & Co. KG, Köln
Druck und buchbinderische Verarbeitung: NEEF + STUMME premium printing GmbH & Co. KG, Wittingen, Printed in Germany

FSC
www.fsc.org
MIX
Papier aus verantwortungsvollen Quellen
FSC® C001857

Vorschau

Kanadas Westen hat nicht nur grandiose Natur zu bieten. Auch die Städte faszinieren, hier der Blick auf Victoria, auf Vancouver Island.

Zu den 50 Theatern der Isarmetropole gehört das Cuvilliés-Theater in der Münchner Residenz mit seinem hübschen Lichthof.

München

Im Höhenrausch
Einen Stadtbesuch beginnt man am besten mit dem Blick von oben. Folgen Sie uns hinauf zu historischen Kirchtürmen, zu coolen Rooftop-Bars, zu mondänen Poolterrassen oder auf das Dach des Olympiastadions.

König ohne Thron
Im Interview verrät Herzog Franz von Bayern, der heute König von Bayern wäre, wenn es die Monarchie noch gäbe, was ihm an seiner Heimatstadt besonders gefällt.

Weiß-blaue Landpartie
Glitzernde Seen, barocke Zwiebeltürmchen, bunte Almwiesen – München hat eine herrliche Umgebung! Wir zeigen die lohnendsten Ziele im Umland.

Kanada Westen

Der Sog der Rockies
Ihretwegen reist man nach Kanada – die Rocky Mountains haben eine magische Anziehungskraft. Eindrucksvolle Bilder von einer gewaltigen Berglandschaft.

Boomcity in Traumlage
Vancouver wächst rasant und ist eine der ethnisch buntesten Städte. Ein mildes Klima und ein lässiger Lebensstil sind weitere Aushängeschilder der Metropole.

Warten auf die perfekte Welle
Kanada ist das ideale Land für Outdoorfans, lassen Sie sich durch unsere Aktivtipps inspirieren: Sie haben die Wahl zwischen Surferlebnis, Kajaktrip, Waltour, Mountainbike-Ausflug oder dem Flug über Gletscher.

www.dumontreise.de

Lieferbare Ausgaben

DEUTSCHLAND
119 Allgäu
092 Altmühltal
105 Bayerischer Wald
180 Berlin
162 Bodensee
175 Chiemgau, Berchtesgadener Land
013 Dresden, Sächsische Schweiz
152 Eifel, Aachen
157 Elbe und Weser, Bremen
168 Franken
020 Frankfurt, Rhein-Main
112 Freiburg, Basel, Colmar
028 Hamburg
026 Hannover zwischen Harz und Heide
042 Harz
023 Leipzig, Halle, Magdeburg
131 Lüneburger Heide, Wendland
188 Mecklenburgische Seen
038 Mecklenburg-Vorpommern
033 Mosel
190 München
047 Münsterland
015 Nordseeküste Schleswig-Holstein
006 Oberbayern
161 Odenwald, Heidelberg
035 Osnabrücker Land, Emsland
002 Ostfriesland, Oldenburger Land
164 Ostseeküste Mecklenburg-Vorpommern
154 Ostseeküste Schleswig-Holstein
136 Pfalz
040 Rhein zw. Köln und Mainz
185 Rhön
186 Rügen, Usedom, Hiddensee
137 Ruhrgebiet
149 Saarland
182 Sachsen
081 Sachsen-Anhalt
117 Sauerland, Siegerland
159 Schwarzwald Norden
045 Schwarzwald Süden
018 Spreewald, Lausitz
008 Stuttgart, Schwäbische Alb
141 Sylt, Amrum, Föhr
142 Teutoburger Wald
170 Thüringen
037 Weserbergland
173 Wiesbaden, Rheingau

BENELUX
156 Amsterdam
011 Flandern, Brüssel
179 Niederlande

FRANKREICH
177 Bretagne
021 Côte d'Azur
032 Elsass
009 Frankreich Süden Languedoc-Roussillon
019 Korsika
071 Normandie
001 Paris
115 Provence

GROSSBRITANNIEN/IRLAND
187 Irland
130 London
189 Schottland
030 Südengland

ITALIEN/MALTA/KROATIEN
181 Apulien, Kalabrien
017 Gardasee, Trentino
110 Golf von Neapel, Kampanien
163 Istrien, Kvarner Bucht
128 Italien, Norden
005 Kroatische Adriaküste
167 Malta
155 Oberitalienische Seen
158 Piemont, Turin
014 Rom
165 Sardinien
003 Sizilien
140 Südtirol
039 Toskana
091 Venedig, Venetien

GRIECHENLAND/ZYPERN/TÜRKEI
034 Istanbul
016 Kreta
176 Türkische Südküste, Antalya
148 Zypern

MITTEL- UND OSTEUROPA
104 Baltikum
094 Danzig, Ostsee, Masuren
169 Krakau, Breslau, Polen Süden
044 Prag

ÖSTERREICH/SCHWEIZ
004 Salzburger Land
139 Schweiz
144 Tirol
147 Wien

SPANIEN/PORTUGAL
043 Algarve
093 Andalusien
150 Barcelona
025 Gran Canaria, Fuerteventura, Lanzarote
172 Kanarische Inseln
124 Madeira
174 Mallorca
007 Spanien Norden, Jakobsweg
118 Teneriffa, La Palma, La Gomera, El Hierro

SKANDINAVIEN/NORDEUROPA
166 Dänemark
153 Hurtigruten
029 Island
099 Norwegen Norden
178 Norwegen Süden
151 Schweden Süden, Stockholm

LÄNDERÜBERGREIFENDE BÄNDE
123 Donau – Von der Quelle bis zur Mündung
112 Freiburg, Basel, Colmar

AUSSEREUROPÄISCHE ZIELE
183 Australien Osten, Sydney
109 Australien Süden, Westen
024 Dubai, Abu Dhabi, VAE
160 Florida
036 Indien
027 Israel, Palästina
111 Kalifornien
031 Kanada Osten
191 Kanada Westen
171 Kuba
022 Namibia
041 New York
184 Sri Lanka
048 Südafrika
012 Thailand
046 Vietnam